Le Chien

Plus de 200 races

Gwen Bailey

Adaptation française de Maura Tillay

Gründ

Adaptation française : Maura Tillay
Secrétariat d'édition : Jérémie Salinger
Texte original : Gwen Bailey

ISBN 978-2-7000-1569-0

Dépôt légal : janvier 2007
PAO : APS-Chromostyle

Imprimé en Chine

Sommaire

Introduction

L'acquisition d'un compagnon à quatre pattes est souvent un grand moment de bonheur. Cependant, cette décision doit être mûrement réfléchie : ne vous laissez pas aveugler par l'enthousiasme provoqué par le choix d'un animal, surtout d'un chiot, et prenez soin de vous renseigner sur la race afin de savoir si elle vous contentera.

Beaucoup d'entre nous possèdent un chien et partagent avec lui leur vie et leur foyer. Afin de vivre en harmonie, l'homme et l'animal doivent se convenir mutuellement. Chaque chien a un caractère bien à lui qu'il est important de choisir en fonction du sien et de celui des autres membres de la famille.

Il existe une infinité de tempéraments chez les chiens : ceux qui aiment jouer et ont grand besoin d'exercice, ceux qui ne supportent pas la vie en appartement, ceux qui aboient et créent des problèmes de voisinage, ceux qui sont très indépendants ou, au contraire, réclament sans cesse des caresses. Quelles que soient vos exigences, vous n'aurez que l'embarras du choix.

Cavalier King Charles
(*voir page 183*)

Trouver le compagnon idéal n'est pas si difficile. Prenez le temps de recueillir quelques renseignements avant d'arrêter votre décision. Vous vous épargnerez bien du souci, surtout si vous souhaitez visiter des refuges où d'adorables boules de poils aux grands yeux suppliants attendent d'être adoptées.

Cet ouvrage vous permettra de bien commencer vos recherches et vous indiquera la marche à suivre afin d'opter pour le type de chien le mieux adapté à votre personnalité.

Malheureusement, tous les maîtres ne se montrent pas aussi prudents lorsqu'ils décident d'adopter un animal. Nombreux sont ceux qui préfèrent confier un compagnon devenu encombrant à un refuge. Trop de précipitation peut gâcher votre vie et celle de votre chien. En revanche, si vous prenez soin de sélectionner un animal adapté à vos besoins et à ceux de votre famille, il y a des chances pour qu'il vous accompagne tout au long de sa vie

Vivre avec un chien est une aventure de tous les instants qui commence par un choix judicieux et réfléchi. Toute sa vie durant, votre compagnon vous comblera par son amour et sa fidélité sans faille, et vous ne manquerez pas de vivre ensemble des moments joyeux et privilégiés.

Un chien bien choisi pourra vous apporter bonheur et gaieté pendant de nombreuses années.

Tous différents

Les loups sont les plus probables ancêtres de nos chiens de compagnie. Bien que ces derniers aient beaucoup changé après des décennies de domestication, les loups nous fournissent une mine d'information sur les comportements instinctifs de nos compagnons.

L'ancêtre de nos chiens domestiques, le loup, aide par ses comportements à comprendre ceux de nos compagnons.

Les origines du chien

Au cours des siècles, le loup a dû évoluer pour pister et attraper du gibier de grande taille. Les loups s'organisent donc en clans familiaux très soudés et chassent en meute. Ces liens se trouvent encore renforcés par une hiérarchie et un système de signaux physiques relativement complexes. Le loup est aujourd'hui parfaitement adapté à son milieu et nombre de ses comportements se retrouvent chez le chien domestique qui, comme le loup, enterre sa nourriture, aime se rouler dans des substances odorantes et chasser.

Lorsque les hommes commencèrent à se sédentariser, les amoncellements d'ordures à proximité des villages attirèrent des loups en quête de nourriture. On s'accorde à penser que ces loups, devenus petit à petit des « chiens de village » d'une intelligence inférieure et possédant des mâchoires et un instinct prédateur amoindris, seraient à l'origine de nos chiens domestiques. Les races canines telles que nous les connaissons aujourd'hui trouveraient donc leurs origines chez ces prédateurs « diminués ».

L'utilisation du chien par l'homme

Les hommes s'aperçurent très vite qu'ils pouvaient agir sur le corps et le comportement des chiens en choisissant quel animal croiser avec quel autre. On vit alors apparaître des races aux aptitudes et aux morphologies très différentes, conçues dans le but d'aider l'être humain à se protéger et à travailler.

Par exemple, les grands chiens à toison épaisse furent créés par les pêcheurs de Terre-Neuve pour traîner les filets et rapporter le poisson. On développa également des races au pelage tacheté pour accompagner les carrosses des plus fortunés et d'autres opiniâtres au museau aplati pour garder les troupeaux.

Le Border Collie possède assez d'énergie pour travailler sans relâche pendant deux jours consécutifs. Voilà une information à prendre sérieusement en compte si vous souhaitez acquérir un tel animal.

Les instincts ancestraux du chien

De nos jours, les croisements effectués chez les chiens ne visent qu'à améliorer leur apparence dans le but de remporter des concours, et pourtant, la plupart des races ont conservé les instincts de leurs ancêtres. Afin de connaître ceux dont votre futur compagnon a hérité, informez-vous de l'origine de sa race et des raisons pour lesquelles elle fut créée.

Q Quels sont les avantages et les inconvénients de la race que vous avez choisie ? Qu'apporteront ses aptitudes particulières à votre vie de famille ?

Q Si vous adoptiez un chien courant, accepteriez-vous qu'il se lance à la poursuite d'un cerf lors d'une promenade et ne revienne qu'après de longues heures ?

Q Que feriez-vous si votre Colley prenait en chasse les enfants qui vous rendent visite ?

Q Ne verriez-vous aucun inconvénient à ce que votre Terre-Neuve se jette continuellement dans le bassin de votre jardin ou dans la fontaine du parc ?

Q Les aboiements de votre Spitz-loup, connu pour ses talents de chien de garde, dérangeront-ils vos voisins ?

Les chiens peuvent apprendre à réfréner leurs pulsions, mais il est plus simple de choisir une race au tempérament et aux instincts peu marqués. Renseignez-vous sur ce point avant de faire votre choix, puis envisagez une solution à ces problèmes qui ne nuira pas au bonheur de votre compagnon.

Chaque continent a, au cours des siècles, sélectionné des chiens destinés à remplir diverses tâches. Voilà pourquoi il existe aujourd'hui beaucoup de races différentes pourtant utilisées pour le même type de travail.

En plus de modifier la morphologie, l'élevage par sélection influence le comportement. Par conséquent, les chiens de berger ont non seulement un corps adapté à la course, mais aussi un instinct de chasseur dont un bon dresseur pourra tirer le meilleur. De même, les chiens de garde sont souvent grands, puissants et dotés d'un caractère volontaire et peu impressionnable. Lorsque vous choisissez un chien, gardez à l'esprit les aptitudes de sa race, indissociables de sa nature physique.

Classification des races

Pour plus de simplicité, nous avons réparti les races selon leurs aptitudes dans six groupes distincts : les chiens de chasse, les chiens courants, les chiens de berger, les terriers, les chiens d'agrément et les chiens d'utilité. Vous trouverez un aperçu des origines et des particularités de chaque groupe qui facilitera votre décision. Si vous hésitez entre plusieurs races, commencez par sélectionner un groupe, puis procédez par élimination.

Les groupes présentés dans cet ouvrage sont quelques-uns de ceux que l'on rencontre le plus souvent dans les classifications internationales. Cependant, les sociétés canines de chaque pays se réservent le droit de classer les chiens comme bon leur semble. La classification de l'American Kennel Club par exemple, compte un groupe « divers » composé de six races, inexistant en Europe. Les opinions divergent également au sujet de la classification d'une race dans un groupe plutôt que dans un autre. Aux États-Unis, le Bichon à poil frisé fait partie des « chiens non sportifs », alors qu'en France il appartient au groupe des « chiens d'agrément ».

Les chiens de chasse

Également connus sous le nom de « chiens d'arrêt », ces animaux sont dressés à trouver et à débusquer le gibier qu'ils devront rapporter une fois abattu. Habitués très tôt à travailler avec les humains, ils se montrent en général sociables, dévoués et obéissants. Peu mordants pour ne pas endommager le gibier, les chiens de chasse ont cependant tendance à ronger tout ce qu'ils trouvent.

Setter anglais (*voir page 71*)

Pour cette raison, ils apprécient particulièrement les balles à mordiller et considèrent le jeu comme une récompense, ce qui les rend agréables à vivre et faciles à dresser. Très attaché à son maître, un chien de chasse peut toutefois se révéler turbulent s'il ne se dépense pas assez. Il trouvera donc parfaitement sa place au sein d'une famille active. Très tolérant avec les enfants, il fera un excellent compagnon de jeu s'il a été élevé à leurs côtés.

Les chiens courants

Sont regroupées sous cette dénomination les races qui pistent et acculent le gibier pour les chasseurs à pied ou à cheval. Certains chiens, dressés à abattre leurs proies, pourraient donc ne pas faire bon ménage avec les petits animaux de compagnie, à moins qu'ils n'aient toujours vécu avec eux. Ces races, à l'aboiement grave et retentissant servant à alerter le chasseur, se montrent en général calmes, aimables et faciles à vivre. Contrairement aux chiens d'arrêt, les chiens courants sont beaucoup moins proches des hommes avec lesquels ils travaillent et manquent parfois d'obéissance. Difficiles à dresser, ils préféreront poursuivre un animal qui croisera leur route plutôt que de jouer à la balle.

Ces chiens vivent très souvent en meute et sont par conséquent sociables et affectueux avec les humains comme avec leurs congénères. Ils apprécient les caresses, mais vivront aussi très bien auprès d'un maître peu démonstratif. Friands de longues promenades au cours desquelles ils assouvissent leur besoin de courir, ces animaux peuvent à d'autres moments paraître nonchalants, car ils aiment bien aussi se reposer.

Chien de Saint-Hubert (*voir page 89*)

Lévrier afghan (*voir page 84*)

Les chiens de berger

Ce groupe se divise en deux catégories : les chiens qui rassemblent les troupeaux et ceux qui vivent avec le bétail et le protègent (l'American Kennel Club appelle cette catégorie « les gardiens de bétail »).

Les chiens de troupeau : dressés à mener le bétail, ils sont travailleurs, joueurs et leur bien-être passe par une activité physique quotidienne. Leur excellente ouïe en fait de vigilants chiens de garde qui peuvent malheureusement développer une phobie du bruit s'ils n'y ont pas été habitués très jeunes. Il est donc important que les propriétaires de ces chiens, au demeurant vifs et réceptifs, les confrontent très tôt à de multiples stimulations afin de les sociabiliser au mieux. Ces races, très proches des humains et faciles à dresser, apprennent et exécutent les ordres avec obéissance. Très affectueux et grands amateurs de caresses, les chiens de troupeau se montrent parfois un peu exclusifs, car ils préfèrent entretenir une relation forte avec un seul maître.

Les gardiens de bétail : Ce sont les races de chiens de berger les plus grandes et les plus puissantes, créées pour vivre avec les troupeaux afin de les protéger des loups et autres prédateurs. Ils possèdent un instinct de gardien très développé qui peut se révéler dangereux s'ils n'ont pas été correctement sociabilisés. Souvent plus imposants par la taille et la toison que les chiens de troupeau, les gardiens de bétail sont en revanche moins vifs et moins dynamiques que leurs cousins.

Berger australien (*voir page 121*)

Montagne des Pyrénées (*voir page 143*)

Bull-terrier miniature (*voir page 157*)

Airedale-terrier (*voir page 151*)

Les terriers

Ces races, destinées à tuer les nuisibles et chasser, furent, pour la plupart, dressées à faire sortir le gibier de sa tanière, opération appelée « déterrage ». Tous les terriers ont d'ailleurs conservé cette propension à creuser. Malgré leur petite taille, ce sont de redoutables chasseurs souvent agressifs envers les animaux domestiques, à moins qu'ils n'aient grandi avec eux et les considèrent donc comme les membres de leur meute. Il leur arrive également de poursuivre et de blesser les chats qu'ils ne connaissent pas.

Lors du jeu, qu'ils affectionnent particulièrement, ces animaux tenaces à la petite mâchoire deviennent parfois un peu trop mordants. Sans cesse en mouvement, les terriers ont une nature excitable et têtue, mais c'est ce qui fait leur charme. Grâce à leurs sens toujours en éveil, ils font de bons chiens de garde, mais leur tendance à aboyer peut en agacer certains. Batailleurs avec les autres chiens, leur caractère vif et irritable les pousse à attaquer avant de réfléchir. Sachez également qu'ils n'obéiront aux ordres que s'ils y trouvent leur compte. Ce sont malgré tout des animaux très affectueux et extravertis qui charment par leur nature indépendante et audacieuse.

Cavalier King Charles (*voir page 183*)

Dalmatien (*voir page 208*)

Les chiens d'agrément

Cette catégorie regroupe les races de chiens de petite taille ayant perdu presque tous leurs instincts ancestraux à la suite de nombreux croisements. Ce sont par conséquent d'excellents chiens de compagnie, doux, agréables et sociables, mais moins vifs d'esprit et moins réceptifs que les races vues précédemment. Ces petites bêtes affectueuses et friandes de caresses conviendront parfaitement aux propriétaires novices. Leur gabarit réduit adapté à la vie en appartement les rend malheureusement sujets à des affections héréditaires, d'où l'importance de bien se renseigner sur l'état de santé des chiots et des chiens adultes avant tout achat.

Les chiens d'utilité

On trouve dans ce groupe une variété de races qui possèdent certaines aptitudes des catégories précédentes, mais qui traditionnellement n'en font pas partie. Également connus sous le nom de « chiens non sportifs », les chiens d'utilité sont aussi bien chien de berger que chien de garde. Pour connaître la race la plus adaptée à votre style de vie, vous devrez les étudier l'une après l'autre afin d'en découvrir les qualités.

Affiner son choix

Une fois que vous aurez sélectionné quelques races, il vous restera encore à affiner votre choix. Pour ce faire, utilisez Internet, renseignez-vous auprès des propriétaires de races qui vous intéressent et assistez à des expositions canines.

Vous trouverez les dates des plus grands rassemblements canins sur les sites Internet consacrés aux chiens et dans la presse spécialisée. Pour de plus amples informations, adressez-vous aux propriétaires de gros élevages. Dans ces expositions, vous rencontrerez des éleveurs, ainsi que des personnes faisant concourir leur animal de compagnie. Ils seront ravis de vous parler de leur chien et de ses caractéristiques, mais évitez tout de même de leur adresser la parole juste avant leur passage devant les juges. Vous pourrez ensuite leur poser toutes vos questions sur les avantages et les inconvénients de la race que vous avez choisie.

Variations au sein d'une race

Bien que les chiens de race se ressemblent et se comportent de manière similaire, certaines variations apparaissent parfois chez des animaux de lignées différentes. Lorsque l'on se penche sur les pedigrees de chiens de race identique, on remarque que les éleveurs sélectionnent souvent les mêmes lignées afin d'accentuer les caractéristiques qu'ils préfèrent. Voilà pourquoi les chiots ne se ressemblent pas toujours d'un élevage à l'autre. À l'occasion, certains éleveurs ont recours à des lignées de « sang » différent, venues de l'étranger, ce qui entraîne en plus des variations physiques, de petites modifications du comportement.

Variations au sein d'une portée

Comme chez tous les mammifères, on trouve au sein d'une même portée des individus aux caractères différents : certains intrépides et d'autres plus timides. En général, vous ne passerez que peu de temps avec les chiots et il vous sera donc difficile d'apprécier le comportement de chacun. Afin de faire votre choix en toute connaissance de cause, demandez à l'éleveur qu'il vous indique le chiot le mieux adapté à votre famille. Si vous doutez de la compétence de votre éleveur, faites-vous accompagner d'un ami expérimenté ou bien cherchez un autre élevage. Si la race que vous avez choisie est rare, vous devrez peut-être vous inscrire sur liste d'attente et le choix sera réduit. Dans tous les cas, il vous faudra prendre votre mal en patience et faire une totale confiance à votre éleveur.

Il est très difficile de résister au charme d'un chiot et pourtant, il vaut mieux savoir quel genre d'adulte il deviendra.

Corniauds et bâtards

Depuis des siècles, les hommes s'affairent à croiser et à améliorer les races. Les chiens de leur côté ne se posent pas autant de questions. De nos jours, on rencontre de moins en moins de chiens errants et, par conséquent, on ne trouve presque plus de corniauds (mélange de toutes les races). En revanche, il existe de nombreux bâtards, des animaux issus de deux ou plusieurs races.

Les bâtards et les corniauds bénéficient d'une santé plus solide que les chiens de race pure, car les gènes responsables des maladies sont moins présents chez eux. Les corniauds sont des chiens uniques, tant par l'apparence que par le comportement. Pour cette raison, il est beaucoup plus facile de choisir un chien adulte plutôt qu'un chiot dont on ne peut prévoir ni le gabarit, ni le caractère. Vous devrez alors faire confiance au destin !

L'éducation du chien

Le caractère d'un chien est un savant mélange d'hérédité et d'éducation. Malgré le soin que vous apportez au choix des parents de votre futur chien, son environnement influencera tout de même son tempérament. Si vous choisissez un chien adulte, essayez de passer du temps avec lui afin de savoir s'il vous conviendra, car même s'il représente l'archétype de sa race, il a peut-être vécu dans sa jeunesse des expériences qui l'ont marqué.

Habituer votre animal au contact de ses congénères fait partie de son éducation et permet de modeler son futur comportment.

Si au contraire, vous optez pour un chiot, renseignez-vous sur le type d'éducation à lui donner pour qu'il prenne le meilleur départ possible dans la vie. Il vous faudra, entre autres, l'habituer aux personnes de tous âges ainsi qu'aux autres animaux et l'éduquer, voire le faire dresser, dans le but d'obtenir un comportement acceptable. Ce processus prend énormément de temps ; vous devrez donc être très disponible si vous voulez que votre chiot grandisse bien.

Les bonnes questions

Personne ne peut prédire l'avenir, mais chacun peut se poser les bonnes questions pour savoir s'il est prêt à s'engager dans une aventure pouvant durer presque vingt ans.

Est-ce le bon moment ?

On ne sait jamais ce que le futur réserve et tout peut changer d'un moment à l'autre, mais vous avez certainement une petite idée de ce que sera votre vie dans dix ans. Réfléchissez-y et tâchez de savoir si un chien y aurait sa place.

Il est essentiel de choisir un animal qui s'entendra avec tous les membres de la famille.

Examinez les situations suivantes avant de décider si vous voulez vraiment un chien, et si oui, quelle race est la plus adaptée à votre style de vie.

Q Vous êtes en couple et désirez fonder une famille : assurez-vous de choisir un chien habitué aux enfants depuis sa naissance afin qu'il les accepte et ne cause aucun problème dans le futur.

Q Vous avez déjà une famille et souhaitez acquérir un chien : choisissez un animal qui ne souffrira pas de solitude une fois que vos enfants auront quitté la maison et que vous serez au travail.

Q Aurez-vous assez de temps et d'énergie à consacrer à votre chien lorsque vous aurez des enfants ?

Q Dans un futur proche, vous serez amené à héberger un parent âgé : choisissez le chien le plus approprié à cette situation.

Essayez d'envisager toute autre éventualité qui pourrait se présenter et sélectionnez votre chien en fonction de vos projets.

Avez-vous les moyens financiers ?

Les chiens comme les enfants se révèlent souvent être de plus grandes sources de frais que ce que l'on s'était imaginé. Il faut en effet ajouter au prix d'achat, les dépenses suivantes : vaccinations, paiement des cours de dressage pour votre chiot, nourriture, panier, collier et laisse, brosses, serviettes, jouets à mâcher, assurance vétérinaire pour les gros chiens, faux frais, honoraires du vétérinaire pour les visites de contrôle, le vermifuge et la stérilisation, bombe antipuces et enfin, frais de pension lorsque vous partez en vacances.

Un chien dormira aussi bien sur un tas de vieilles couvertures que dans un panier hors de prix, mais il y a des impératifs sur lesquels vous ne pouvez pas faire l'impasse. Faites vos comptes avant de prendre votre décision.

Une bonne assurance est indispensable pour les chiens très actifs pouvant causer des accidents ou se blesser eux-mêmes.

Avez-vous assez de temps ?

La compagnie d'un chien est très agréable. Éternellement fidèles, ces animaux vous offrent toute leur affection et vous comblent de joie. Mais tout cela coûte cher, tant du point de vue financier qu'en termes de temps et d'énergie. Avant d'adopter un chien, demandez-vous très sérieusement si votre emploi du temps vous permettrait de lui apporter les soins nécessaires à son bien-être.

Avez-vous l'énergie physique et mentale nécessaire ?

Avez-vous suffisamment d'énergie pour vous occuper d'un chien actif et dynamique ? Vous devrez le faire courir sans laisse au moins deux fois par jour, jouer avec lui pour qu'il reste enjoué et en forme, le dresser, lui montrer de l'affection, le brosser, le laver, le nourrir, l'amener chez le vétérinaire et le soigner lorsqu'il sera malade ou blessé.

Le jeu et le dressage sont garants de la bonne éducation des chiens très actifs.

Il vous faudra être très disponible afin d'apporter à votre compagnon l'attention et l'amour dont il a besoin. Si vous travaillez la journée et aimez sortir le soir et pendant le week-end, vous n'aurez pas le temps de vous occuper d'un chien. Lorsque l'on possède un animal, il n'est plus possible de partir en week-end ou en vacances sans avoir d'abord trouvé une bonne pension ou une personne de confiance pour s'en occuper pendant votre absence. Sachez que tous les chiens sont actifs quand ils sont jeunes et que certains peuvent le rester toute leur vie. Si vous choisissez l'un d'entre eux, assurez-vous d'avoir assez de temps à consacrer au jeu et aux activités physiques.

Les Springers débordent d'énergie et ont un besoin d'exercice quotidien.

Mâle ou femelle ?

Chaque animal est différent, mais en règle générale les femelles ont tendance à être plus calmes, plus obéissantes et plus timides que les mâles qui se montrent souvent plus turbulents, plus sûrs d'eux et plus enclins à développer des troubles comportementaux en vieillissant. Pour uriner, les mâles lèvent la patte tandis que les femelles s'accroupissent ; une information qui peut vous intéresser si vous êtes féru de jardinage. Si vous possédez déjà un chien, choisissez un animal du sexe opposé, car les mâles et les femelles s'entendent souvent bien mieux que deux chiens du même sexe.

Chiot ou chien adulte ?

Chacun présente des avantages et des inconvénients. Les chiots sont très influençables et vous pouvez modeler leur caractère en fonction de celui de votre famille et de ses habitudes. Cependant, l'éducation d'un chiot réclame énormément de temps, surtout lors de la première année où il doit être très souvent en compagnie de son maître.

Si vous travaillez ou n'avez tout simplement pas assez de temps, optez pour un chien adulte. Éduquer un chiot à être propre ou à ne pas mordiller les pieds des meubles est une tâche longue et difficile à laquelle vous devez ajouter des sorties quotidiennes indispensables pour qu'il s'habitue à l'environnement extérieur.

Si votre chien vient de décéder et que vous souhaitez adopter un chiot, pensez à tous les efforts que vous avaient demandés l'éducation du premier quinze ans plus tôt. Vous ne voudrez peut-être plus réitérer l'expérience.

Les chiens adultes sont, eux, déjà éduqués, d'où l'importance de bien connaître leur caractère. Habitués à être propres et à ne pas endommager le mobilier, ils peuvent cependant mettre un peu de temps à s'habituer à leur nouvelle maison. Certains adultes auront peut-être bénéficié d'un dressage et vous pourrez vous réjouir d'avoir recueilli au sein d'un foyer aimant un chien à l'avenir incertain.

Queue courte ou longue ?

La *caudectomie* est une opération qui consiste à écourter la queue d'un chiot dans les premiers jours de sa vie pour répondre à certains critères esthétiques. Les éleveurs de races soumises à cette amputation maintiennent catégoriquement que sans cette intervention les chiens risqueraient de se blesser à la queue en travaillant, ce qui arrive pourtant très rarement. Il est préférable de ne pas raccourcir la queue d'un animal, car il l'utilise pour manifester ses intentions et son humeur. Si vous voulez un chiot appartenant à l'une de ces races, mais avec une queue intacte, demandez à l'éleveur de vous en réserver un ou trouvez un autre élevage s'il refuse.

Cette intervention est interdite dans certains pays (Australie, Belgique, Finlande, Allemagne, Islande, Norvège, Suède, Suisse) ou n'y est pratiquée que pour des raisons médicales.

Chien de race ou bâtard ?

Lorsque vous faites l'acquisition d'un chien de race, vous savez déjà quel gabarit et quelles aptitudes il aura en grandissant, ce qui facilite l'achat quand il s'agit d'un chiot. Les bâtards sont, quant à eux, beaucoup moins prévisibles et font souvent de meilleurs chiens de compagnie, car leurs instincts sont moins marqués. Ils ont aussi tendance à être en meilleure santé que les chiens de race qui sont sujets à des affections héréditaires.

Poil court ou long ?

Le type de pelage de votre chien a son importance s'il doit habiter dans votre maison. Les animaux à toison épaisse et fournie supportent mal le chauffage et les grosses chaleurs de l'été. Cela se traduit par une mue et un halètement constants, accompagnés d'agressivité. Ces chiens doivent être brossés quotidiennement pour éviter qu'ils ne sèment des poils partout. De même, les toisons fines et longues nécessitent beaucoup de soin afin de ne pas s'emmêler. Il est également conseillé d'attacher ou de couper les poils qui recouvrent les yeux de certains chiens et les empêchent de voir correctement, ce qui les rend assez nerveux et agressifs. Une dernière chose : les longs poils qui forment des franges au niveau des pattes et de la queue transportent souvent boue et poussière.

Si vous avez un terrain allergique, il vaut mieux choisir une race qui ne perd pas ses poils et faire régulièrement désépaissir la toison de votre animal par le toiletteur. Si vous disposez de peu de temps ou que le brossage vous ennuie, optez pour un animal dont le pelage sera facile à entretenir.

Quel tempérament choisir ?

Avant de prendre votre décision, rassemblez votre famille et faites ensemble une liste des caractéristiques psychologiques et physiques que vous recherchez chez un animal, puis classez-les de la plus importante à la plus accessoire.

Utilisez le tableau que vous trouverez à la page suivante pour vous aider. Il vous faudra faire des concessions afin de trouver la race idéale. Toutefois, prenez garde de ne pas sacrifier des qualités qui vous paraissent importantes et soyez très ferme sur le type d'éducation à donner à votre chiot.

Caractéristiques psychologiques

Tempérament

Chaque chien possède un caractère différent des autres. Apprenez tout d'abord à connaître celui de la race que vous avez choisie, puis demandez-vous si vous aimeriez vivre avec un tel animal.

Force de caractère

Si vous êtes de nature indulgente, optez pour un chien docile, car les fortes têtes ont besoin d'être dominées.

Proche de ses maîtres ou indépendant

Si vous recherchez une relation forte, choisissez une race très affectueuse, mais si vous préférez un peu plus de distance, optez pour un animal plus indépendant.

Docile ou dévoué

Si vous voulez que votre chien obéisse au doigt et à l'œil, choisissez-le dévoué. Il existe également des races plus autonomes pour les personnes qui préfèrent les animaux plus têtus

Comportement face à la solitude

Il faut habituer progressivement les chiots à rester seuls à la maison. Les races robustes et pleines d'assurance supportent mieux la solitude que celles qui sont plus nerveuses et impulsives.

Affectueux

Certains chiens adorent les caresses, d'autres ne les apprécient que modérément. Choisissez la race qui correspond le mieux à votre besoin d'affection.

Caractéristiques psychologiques

Attitude protectrice

Les chiens au caractère fort et au tempérament intrépide ne reculent pas devant le danger et sont très protecteurs. L'inconvénient, c'est qu'ils ont tendance à être agressifs dans la vie quotidienne. Il faut donc bien les sociabiliser et les surveiller de près.

Instinct de gardien

Certaines races sont plus à l'affût et plus vives que d'autres et tendent à aboyer au moindre bruit. Selon votre point de vue et celui de vos voisins, on peut considérer cela comme un avantage ou un inconvénient. L'aboiement est un réflexe naturel, mais sachez toutefois que les races les plus calmes sont aussi les moins bruyantes.

Aimable avec les enfants

Pour que les chiens s'entendent bien avec les enfants, il faut qu'ils y aient été habitués très jeunes. Certains chiens tolèrent les enfants de la famille, mais n'apprécient guère ceux qu'ils n'ont jamais vus ; d'autres supportent mal le bruit et l'agitation ou sont si petits que les jeunes enfants pourraient les blesser ; et d'autres conviennent parfaitement. Si vous avez des enfants, souhaitez en avoir ou en recevez régulièrement chez vous, assurez-vous que la race que vous avez choisie sera aimable avec eux.

Caractéristiques psychologiques

Aimable avec ses congénères

Il faut habituer très tôt votre animal à la compagnie de ses congénères pour éviter tout incident. Certaines races comme les terriers sont réputées être naturellement agressives. Si vous côtoyez beaucoup d'autres chiens, si vous en possédez déjà un ou si vous voulez promener votre futur compagnon dans des parcs où vous serez susceptibles de rencontrer d'autres animaux, optez pour une race qui accepte facilement ses semblables.

Aimable avec les autres animaux de compagnie

Certaines races ont un instinct prédateur très fort, et bien qu'elles puissent se montrer aimables avec les petits animaux de compagnie qui ont grandi à leurs côtés, il vaut mieux choisir un chien un peu moins vif. En ce qui concerne les chats, si le chien les considère comme des membres de sa meute, leur cohabitation ne posera pas de problème. Il est cependant plus sage d'éviter les terriers et les chiens de chasse, surtout si vous possédez un chat craintif.

Aimable avec les étrangers

Les chiens les plus vifs sont aussi les plus agressifs. Habituez votre animal très tôt à la compagnie des humains, surtout si vous aimez recevoir des amis.

Caractéristiques psychologiques

Énergie et activité physique recommandée

Il existe des chiens qui ont assez d'énergie et d'endurance pour courir toute une journée, tandis que d'autres préfèrent se reposer. Choisissez votre animal en fonction de votre goût pour l'activité physique, si vous ne voulez pas avoir à vivre avec une pile électrique en manque d'exercice ou un paresseux qui ne veut pas sortir. Les caractéristiques physiques de votre compagnon influencent également son comportement. Ainsi, les chiens au museau effacé, au pelage épais ou au corps transformé par les croisements ne se sentent souvent pas assez à l'aise pour courir et s'amuser.

Comportement au sein du foyer : dynamique ou nonchalant

Les chiens les plus dynamiques en promenade ne sont par forcément les plus turbulents une fois revenus à la maison. En général, les petits chiens se montrent plus actifs en appartement que les plus gros qui préfèrent rester couchés. Certains animaux s'intéressent à tout, alors que d'autres se contentent d'observer ce qui se passe depuis leur panier.

Taille, poids et force physique

Le gabarit de votre chien est une chose à ne pas négliger. Tenez compte de la taille de votre habitation, de votre voiture, de votre jardin ou de votre cour, et des personnes que l'animal sera amené à côtoyer fréquemment, surtout si ce sont des enfants. Dans le cas où vous possédez déjà un chien, évaluez les dangers qu'un nouveau venu pourrait représenter pour lui (et vice-versa) lors d'un affrontement ou d'un jeu un peu brutal, surtout si leur différence de taille est importante.

Les problèmes de santé

Lorsque l'on croise des chiens spécialement sélectionnés pour obtenir une race « pure », on augmente les risques de maladies héréditaires chez les chiots. Tous les chiens ne développeront pas obligatoirement les troubles listés ici, mais le pourcentage d'animaux de race malades est suffisamment important pour que l'on s'en préoccupe.
Avant l'achat de votre chiot, vérifiez toujours l'état de santé de ses parents auprès de l'éleveur et évitez les animaux issus de lignées touchées par ces affections.
Vous trouverez ci-dessous un glossaire des problèmes de santé les plus fréquents, la plupart étant héréditaires. Pour de plus amples informations, adressez-vous à votre chirurgien vétérinaire.

L'adénite sébacée – affection congénitale de la peau qui se manifeste par une inflammation des glandes sébacées entraînant une chute des poils, des lésions et l'apparition de croûtes malodorantes.
L'atrophie progressive de la rétine – maladie congénitale caractérisée par une dégénérescence de la rétine et une cécité complète ou partielle. Cette maladie évolutive et incurable se retrouve chez des animaux de tous âges.
L'ectropion – paupière renversée vers l'extérieur occasionnant sécheresse oculaire, irritations et infections.
L'entropion – enroulement de la paupière vers l'intérieur causant inconfort, douleur et éraflures de la cornée.
L'épilepsie – affection qui se manifeste par des crises et des attaques dues au fonctionnement anormal de l'activité électrique du cerveau.
L'hypothyroïdie – dérèglement hormonal, souvent génétique, qui apparaît le plus souvent chez les sujets âgés de deux à quatre ans.
L'ostéochondrite disséquante – maladie douloureuse qui fragilise les os longs chez les jeunes et cause des fissures au niveau des articulations, notamment des membres postérieurs.
La cardiopathie congénitale – malformation du cœur et des artères.
La cataracte – opacification du cristallin entraînant une perte de la vision. Étonnamment, les races touchées par cette maladie développent des cataractes juvéniles plutôt que séniles.
La dysplasie de la hanche – malformation congénitale de l'articulation de la hanche pouvant entraîner une incapacité à se déplacer. Le dépistage n'est possible que chez les animaux de plus de deux ans grâce à une radiographie à l'aide de laquelle l'importance de leur malformation sera évaluée. Il existe cinq

catégories qui vont de A à E, A étant l'absence de dysplasie et E le stade le plus avancé. Choisissez donc un animal issu d'une lignée où cette malformation est très légère (jamais au-dessus de C).

La dysplasie du coude – malformation congénitale de l'articulation du coude qui favorise l'apparition d'arthrose et de douleurs. Les coudes des chiens reproducteurs doivent être radiographiés afin de s'assurer de leur normalité.

La luxation de la rotule – trouble congénital des membres postérieurs qui entraîne douleurs et boiterie et que l'on rencontre chez les très petites et les très grandes races. Chez le chiot, les symptômes passent inaperçus, c'est pourquoi il faut toujours contrôler son ascendance.

La maladie de Legg-Perthes-Calvé – affection congénitale de l'articulation de la hanche occasionnant douleurs et raideur, assez commune chez les petites races.

La maladie de Von Willebrand – trouble dans lequel un agent coagulant est absent du sang de l'animal, ce qui peut conduire à des hémorragies importantes lors d'accidents.

La surdité congénitale – on rencontre surtout ce handicap chez les chiens blancs, merle et pie.

La torsion d'estomac – accident souvent mortel au cours duquel l'estomac du chien gonfle et se retourne complètement, ce qui représente une urgence chirurgicale. Cette affection se rencontre surtout chez les grands chiens à l'abdomen étroit et profond.

Les chiens de chasse

Braque de Weimar	Torsion d'estomac, dysplasie du coude et de la hanche,
Braque hongrois	Dysplasie de la hanche, atrophie progressive de la rétine, entropion
Braque italien	Aucune affection connue à ce jour
Chien d'arrêt allemand	Dysplasie du coude et de la hanche, cataracte
Chien d'eau américain	Luxation de la rotule, atrophie progressive et décollement de la rétine, cataracte, épilepsie, hypothyroïdie, cardiopathies
Chien d'eau espagnol	Aucune affection connue à ce jour
Chien d'eau irlandais	Maladie de Von Willebrand, dysplasie de la hanche, maladies auto-immunes, épilepsie, hypothyroïdie
Clumber spaniel	Cataracte, entropion, troubles rachidiens, dysplasie de la hanche
Cocker américain	Cataracte, atrophie progressive de la rétine, dysplasie de la hanche, Legg-Perthes-Calvé, luxation de la rotule, troubles thyroïdiens, maladies auto-immunes, affections de la peau, épilepsie, shunts hépatiques, luxation de la glande lacrymale accessoire
Cocker anglais	Luxation de la rotule, atrophie progressive et décollement de la rétine, cataracte, épilepsie, hypothyroïdie, cardiopathies

Épagneul breton	Dysplasie de la hanche, glaucome, paralysie rachidienne, attaques, cardiopathies, maladies du foie
Field spaniel	Dysplasie de la hanche, atrophie progressive de la rétine, hypothyroïdie
Golden retriever	Obésité, affections de l'œil et de la peau, cataracte
Grand Münsterländer	Dysplasie de la hanche, cataracte, affections de la peau
Griffon à poil dur	Dysplasie de la hanche
Kooikerhondje	Maladie de Von Willebrand, cataracte, luxation de la rotule, épilepsie, myélopathie nécrotique
Labrador	Obésité, dysplasie du coude et de la hanche, ostéochondrite disséquante, cataracte, atrophie progressive de la rétine
Pointer	Dysplasie du coude et de la hanche
Retriever à poil bouclé	Dysplasie de la hanche, atrophie progressive de la rétine, entropion, cataracte, torsion d'estomac, hypothyroïdie, épilepsie
Retriever à poil plat	Cancer des os, dysplasie de la hanche, luxation de la rotule, atrophie progressive de la rétine, cataracte, entropion, hypothyroïdie
Retriever de la baie de Chesapeake	Dysplasie du coude et de la hanche, cataracte, ostéochondrite disséquante, atrophie progressive de la rétine,
Retriever de la Nouvelle-Écosse	Dysplasie de la hanche, atrophie progressive de la rétine, cardiopathies, hypothyroïdie, maladie d'Addison, épilepsie, maladies auto-immunes
Setter anglais	Dysplasie du coude et de la hanche, cancer, hypothyroïdie, surdité, affections de l'œil et de la peau
Setter Gordon	Dysplasie de la hanche, troubles thyroïdiens, atrophie progressive de la rétine, torsion d'estomac, hypothyroïdie
Setter irlandais	Dysplasie de la hanche, atrophie progressive de la rétine, hypothyroïdie, épilepsie, torsion d'estomac
Setter irlandais rouge et blanc	Dysplasie de la hanche, cataracte, torsion d'estomac
Spinone	Dysplasie de la hanche, affections de l'œil, ataxie cérébelleuse, torsion d'estomac, otites
Springer anglais	Dysplasie de la hanche, atrophie progressive de la rétine, épilepsie
Springer gallois	Dysplasie de la hanche, atrophie progressive de la rétine, cataracte, allergies, épilepsie, hypothyroïdie, glaucome
Sussex spaniel	Affections de l'œil, dysplasie de la hanche, maladies auto-immunes, cardiopathies, hypothyroïdie

Les chiens courants

Barzoï	Affections de l'œil, torsion d'estomac, cardiopathies, cancer des os, sensibilité à l'anesthésie
Basenji	Atrophie progressive de la rétine, malabsorption, anémie, troubles rénaux
Basset Fauve de Bretagne	Aucune affection connue à ce jour
Basset Griffon vendéen (petit et grand)	Dysplasie de la hanche, luxation de la rotule, affections de l'œil, épilepsie, troubles rachidiens
Basset Hound	Ostéochondrite disséquante, luxation de la rotule, dysplasie de la hanche, troubles rachidiens, affections de l'œil
Beagle	Affections de l'œil, hypothyroïdie, épilepsie, syndrome de compression médullaire
Chien courant italien	Dysplasie de la hanche, glaucome, atrophie progressive de la rétine, hypothyroïdie, cardiopathies
Chien d'élan norvégien	Dysplasie de la hanche, atrophie progressive de la rétine, cataracte, troubles rénaux, hypothyroïdie
Chien de loutre	Dysplasie de la hanche, torsion d'estomac, attaques
Chien de Saint-Hubert	Dysplasie du coude et de la hanche, torsion d'estomac, entropion, ectropion
Chien du pharaon	Sensibilité à l'anesthésie
Chien norvégien de Macareux	Lymphangiectasie intestinale, maladie inflammatoire de l'intestin (IBD), entéropathies
Coonhound noir et feu	Dysplasie de la hanche, affections de l'œil
Foxhound anglais	Aucune affection connue à ce jour
Grand Bleu de Gascogne	Dysplasie du coude et de la hanche, torsion d'estomac
Greyhound	Atrophie progressive de la rétine, torsion d'estomac, hypothyroïdie, sensibilité à l'anesthésie
Hamiltonstövare	Aucune affection connue à ce jour
Harrier	Dysplasie de la hanche, affections de l'œil
Lévrier afghan	Dysplasie de la hanche, cataracte, hypothyroïdie, maladies auto-immunes
Lévrier d'Ibiza	Dystrophie axonale, cardiopathies
Lévrier écossais	Ostéochondrite disséquante, torsion d'estomac, cardiopathies, cancer des os, sensibilité à l'anesthésie
Lévrier irlandais	Maladie de Von Willebrand, dysplasie de la hanche, affections de l'œil, torsion d'estomac, cancer des os, cardiopathies
Lurcher	Torsion d'estomac, sensibilité à l'anesthésie
Plott Hound	Torsion d'estomac

Rhodesian Ridgeback	Dysplasie de la hanche, hypothyroïdie, cancer, kyste dermoïde
Saluki	Dysplasie de la hanche, glaucome, atrophie progressive de la rétine, hypothyroïdie, cardiopathies
Sloughi	Dysplasie de la hanche, maladies cardiovasculaires, atrophie progressive de la rétine
Spitz finlandais	Cataracte
Teckel (toutes variétés)	Dysplasie du coude, Legg-Perthes-Calvé, luxation de la rotule, atrophie progressive de la rétine, cataracte, diabète, épilepsie, douleurs et troubles rachidiens dus à la longueur de l'épine dorsale
Whippet	Affections de l'œil, adénite sébacée, cardiopathies

Les chiens de berger

Berger allemand	Atrophie progressive de la rétine
Berger australien	Atrophie progressive de la rétine, affections de l'œil, épilepsie, surdité
Berger d'Anatolie	Dysplasie du coude et de la hanche, entropion, hypothyroïdie
Berger de Bergame	Aucune affection connue à ce jour
Berger de Brie	Atrophie progressive de la rétine, torsion d'estomac, hypothyroïdie
Berger des Abruzzes	Dysplasie de la hanche, torsion d'estomac, sensibilité à l'anesthésie
Berger des Pyrénées	Aucune affection connue à ce jour
Berger des Shetland	Désordres digestifs, affections de l'œil, hypothyroïdie, épilepsie, fragilité osseuse, Legg-Perthes-Calvé
Berger polonais	Cardiopathies
Bergers belges	
(Groenendael)	Atrophie progressive de la rétine, pannus, cataracte, épilepsie, hypothyroïdie
(Laekenois)	Atrophie progressive de la rétine, pannus, cataracte, épilepsie, hypothyroïdie
(Malinois)	Atrophie progressive de la rétine, pannus, cataracte, épilepsie, hypothyroïdie
(Tervueren)	Dysplasie du coude, cataracte, épilepsie, hypothyroïdie
Bobtail	Affections de l'œil, cataracte, diabète, surdité, hypothyroïdie, syndrome de Wobbler
Border Collie	Affections de l'œil, atrophie progressive de la rétine, surdité, épilepsie
Bouvier australien	Affections de l'œil, surdité
Buhund norvégien	Dysplasie de la hanche, affections de l'œil
Chien finnois de Laponie	Atrophie progressive de la rétine
Chien suédois de Laponie	Atrophie progressive de la rétine

Colley (à poil court et à poil long)	Affections de l'œil, surdité, hypothyroïdie, cardiopathies
Colley barbu	Cataracte, maladie d'Addison, hypothyroïdie, maladies auto-immunes
Komondor	Dysplasie de la hanche, torsion d'estomac, entropion, cataracte
Kuvasz	Atrophie progressive de la rétine
Lancashire Heeler	Aucune affection connue à ce jour
Montagne des Pyrénées	Dysplasie du coude et de la hanche, luxation de la rotule, cataracte, entropion, hémorragies, troubles rachidiens, sensibilité à l'anesthésie
Montagne portugais	Dysplasie de la hanche
Puli	Atrophie progressive de la rétine, cataracte
Samoyède	Dysplasie de la hanche, atrophie progressive de la rétine, cataracte, hypothyroïdie, adénite sébacée, diabète
Welsh Corgi (Cardigan et Pembroke)	Affections de l'œil, troubles rachidiens

Les terriers

Airedale-terrier	Hypothyroïdie, hémorragies
Bedlington terrier	Cataracte, luxation de la rotule
Border terrier	Luxation de la rotule, cataracte, maladies auto-immunes, hypothyroïdie, cardiopathies, Legg-Perthes-Calvé
Bull-terrier et Bull-terrier miniature	Luxation de la rotule, affections de l'œil, cardiopathies, surdité, troubles rénaux, inflammations de la peau
Cairn terrier	Affections de la hanche, luxation de la rotule, atrophie progressive de la rétine, affections du sang, troubles rénaux, Legg-Perthes-Calvé
Dandie Dinmont terrier	Glaucome, maladie de Cushing, troubles thyroïdiens, douleurs rachidiennes dues à la longueur de l'épine dorsale
Fox-terrier (à poil ras)	Affections de l'œil, cardiopathies, épilepsie, Legg-Perthes-Calvé
Fox-terrier (à poil dur)	Affections de l'œil, cardiopathies, épilepsie
Kerry Blue terrier	Cataracte, affections du sang
Lakeland terrier	Dysplasie du coude et de la hanche, cataracte, Legg-Perthes-Calvé
Staffordshire terrier	Cataracte, hypothyroïdie, rupture des ligaments croisés, cancer
Terrier australien	Affections de la hanche, luxation de la rotule, diabète, Legg-Perthes-Calvé
Terrier de Manchester	Dysplasie de la hanche, Legg-Perthes-Calvé, atrophie progressive de la rétine, attaques, hypothyroïdie, fragilité osseuse chez les jeunes

Terrier de Sealyham	Affections de l'œil, troubles rachidiens, cardiopathies, surdité
Terrier de Skye	Dysplasie du coude, troubles de la croissance, hypothyroïdie, douleurs et troubles rachidiens dus à la longueur de l'épine dorsale
Terrier du Norfolk	Luxation de la rotule, cardiopathies, épilepsie
Terrier du Norwich	Luxation de la rotule, cardiopathies, épilepsie
Terrier écossais	Hypothyroïdie, lymphome, Legg-Perthes-Calvé
Terrier gallois	Luxation de la rotule, affections de l'œil, Legg-Perthes-Calvé
Terrier Glen d'Imaal	Dysplasie de la hanche, atrophie progressive de la rétine, allergies cutanées
Terrier irlandais	Hyperthyroïdie, cataracte
Terrier irlandais à poil doux	Atrophie progressive de la rétine, cataracte, troubles rénaux
Terrier Jack Russell	Aucune affection connue à ce jour
Terrier Parson Russell	Affections de la hanche et de l'œil, luxation de la rotule
Terrier tchèque	Kystes ovariens, douleurs et troubles rachidiens dus à la longueur de l'épine dorsale, affections de l'œil
West Highland White terrier	Affections de la peau et de la hanche, Legg-Perthes-Calvé, cataracte

Les chiens d'agrément

Affenpinscher	Luxation de la rotule, affections de la hanche, Legg-Perthes-Calvé, fontanelle ouverte, troubles thyroïdiens, cardiopathies, affections de l'œil, fragilité osseuse chez les jeunes
Bichon à poil frisé	Luxation de la rotule, Legg-Perthes-Calvé, atrophie progressive de la rétine, cataracte, épilepsie, affections de la gencive
Bichon bolonais	Luxation de la rotule, affections de l'œil
Bichon havanais	Luxation de la rotule, cataracte, hypothyroïdie
Bichon maltais	Luxation de la rotule, atrophie progressive de la rétine, entropion, glaucome, hypothyroïdie, hypoglycémie, surdité, problèmes dentaires
Carlin	Affections de la hanche, Legg-Perthes-Calvé, atrophie progressive de la rétine, cataracte, entropion, sécheresse oculaire, épilepsie, maladies du foie
Cavalier King Charles	Cardiopathies, luxation de la rotule, cataracte, troubles rétiniens
Chiens chinois à crête	Luxation de la rotule, affections de l'œil, occlusion du conduit auditif, épilepsie
Chihuahua (à poil long et à poil court)	Luxation de la rotule, Legg-Perthes-Calvé, affections de l'œil, cardiopathies, hypoglycémie, affaissement de la trachée
Épagneul japonais	Luxation de la rotule, atrophie progressive de la rétine, cataracte, attaques
Griffon bruxellois	Luxation de la rotule, atrophie progressive de la rétine

King Charles	Luxation de la rotule, cataracte, hernies inguinales, cardiopathies, sensibilité à l'anesthésie
Loulou de Poméranie	Luxation de la rotule, Legg-Perthes-Calvé, atrophie progressive de la rétine, cataracte, entropion, hypoglycémie, affaissement de la trachée, problèmes dentaires
Papillon	Luxation de la rotule, affections de l'œil, problèmes dentaires
Pékinois	Luxation de la rotule et du paturon, Legg-Perthes-Calvé, sécheresse oculaire, troubles rachidiens
Petit chien lion	Luxation de la rotule, atrophie progressive de la rétine, cataracte
Petit lévrier italien	Luxation de la rotule, atrophie progressive de la rétine, maladies auto-immunes
Pinscher nain	Luxation de la rotule, affections de la hanche, Legg-Perthes-Calvé, atrophie progressive de la rétine, cataracte, pannus
Silky terrier	Luxation de la rotule, Legg-Perthes-Calvé, hypoglycémie, shunts hépatiques
Terrier du Yorkshire	Luxation de la rotule, Legg-Perthes-Calvé, hypoglycémie, shunts hépatiques, problèmes dentaires, affaissement de la trachée
Toy terrier	Affections de la hanche, atrophie progressive de la rétine, hypothyroïdie, attaques, fragilité osseuse chez les jeunes
Toy terrier américain	Luxation de la rotule, démodécie, affections de la hanche, hémorragies, hypothyroïdie

Les chiens d'utilité

Akita	Dysplasie de la hanche, luxation de la rotule, atrophie progressive de la rétine, torsion d'estomac, hémorragies, hypothyroïdie, adénite sébacée, pemphigus, lupus, cancer
Berger de Beauce	Torsion d'estomac
Bouledogue français	Dysplasie du coude, luxation de la rotule, cataracte, entropion, hypertrophie du voile du palais, troubles rachidiens, sténose des narines
Bouvier bernois	Dysplasie du coude et de la hanche, ostéochondrite disséquante, atrophie progressive de la rétine, troubles thyroïdiens et rénaux, tumeurs, torsion d'estomac
Bouvier des Flandres	Dysplasie de la hanche, cataracte, glaucome, entropion, torsion d'estomac, hypothyroïdie, paralysie du larynx, cancer
Boxer	Dysplasie de la hanche, atrophie progressive de la rétine, cardiopathies, torsion d'estomac, épilepsie, hémorragies, cancer, troubles intestinaux

Bulldog	Cataracte, ectropion, entropion, sécheresse oculaire, hypertrophie du voile du palais, cardiopathies, hypothyroïdie, dysplasie de la hanche, rétrécissement de la trachée
Bullmastiff	Dysplasie du coude et de la hanche, affections de l'œil, torsion d'estomac, cardiopathies
Caniche (moyen)	Affection de l'œil, cataracte, Legg-Perthes-Calvé, entropion, épilepsie, torsion d'estomac, adénite sébacée
Caniche (nain)	Affections de la hanche, Legg-Perthes-Calvé, luxation de la rotule, atrophie progressive de la rétine, cataracte, glaucome, surdité, cardiopathies, épilepsie (recommandé aux personnes allergiques n'ayant jamais eu de chien. L'état de santé de l'animal est à contrôler de très près)
Caniche (toy)	Luxation de la rotule, Legg-Perthes-Calvé, atrophie progressive de la rétine, épilepsie, hypoglycémie
Chien d'eau portugais	Dysplasie de la hanche, atrophie progressive de la rétine
Chien de Canaan	Dysplasie de la hanche, hypothyroïdie, affections de l'œil
Chien du Groenland	Aucune affection connue à ce jour
Chow-chow	Dysplasie de la hanche, luxation de la rotule, mauvais développement des cartilages de croissance, entropion, glaucome, sténose des narines, hypothyroïdie, troubles rénaux, affections de la peau, dérèglements hormonaux
Dalmatien	Atrophie progressive de la rétine, glaucome, diabète, surdité, calculs vésicaux
Doberman	Dysplasie de la hanche, torsion d'estomac, cancer, maladie de Von Willebrand, hypothyroïdie, cardiopathies, maladies du foie
Dogue allemand	Dysplasie du coude et de la hanche, cataracte, cancer des os, torsion d'estomac
Dogue du Tibet	Dysplasie de la hanche, hypothyroïdie
Épagneul tibétain	Atrophie progressive de la rétine, luxation de la rotule
Esquimau d'Amérique	Luxation de la rotule, atrophie progressive de la rétine, diabète
Grand Bouvier suisse	Dysplasie du coude, de l'épaule et de la hanche, ostéochondrite disséquante, torsion d'estomac, hypothyroïdie, torsion de la rate, dilatation de l'œsophage
Hovawart	Dysplasie de la hanche, troubles thyroïdiens
Husky sibérien	Dysplasie de la hanche, affections de l'œil, atrophie progressive de la rétine
Léonberg	Dysplasie de la hanche, torsion d'estomac, cancer, hypothyroïdie, ostéochondrite disséquante, maladie d'Addison, cardiopathies
Lhassa Apso	Luxation de la rotule, atrophie progressive de la rétine, entropion, hémorragies, troubles rachidiens
Malamute de l'Alaska	Dysplasie de la hanche, torsion d'estomac, troubles rénaux, hypothyroïdie, atrophie progressive de la rétine, hémorragies

Mastiff	Dysplasie du coude et de la hanche, fragilité des os et des articulations, affections de l'œil, hypothyroïdie, cardiopathies, torsion d'estomac, épilepsie
Mâtin napolitain	Dysplasie du coude et de la hanche, fragilité des os et des articulations, hypothyroïdie, cardiopathies, entropion, torsion d'estomac
Pinscher	Dysplasie de la hanche, affections de l'œil
Bouvier Des Flandres	Hip dysplasia, cataracts, glaucoma, entropion, torsion, hypothyroidism, laryngeal paralysis, cancer
Rottweiler	Dysplasie du coude et de la hanche, ostéochondrite disséquante, affections de l'œil, cardiopathies, cancer, torsion d'estomac, hypothyroïdie
Saint-Bernard	Dysplasie de la hanche, ostéochondrite disséquante, torsion d'estomac, cancer, épilepsie, entropion, ectropion, cardiopathies
Schipperke	Affection de la hanche, Legg-Perthes-Calvé, atrophie progressive de la rétine, cataracte, entropion, hypothyroïdie, épilepsie
Schnauzer (moyen)	Dysplasie de la hanche, hypothyroïdie, cataracte, cancer
Schnauzer géant	Dysplasie de la hanche, ostéochondrite disséquante, atrophie progressive de la rétine, glaucome, cardiopathies, épilepsie
Schnauzer nain	Cataracte juvénile, atrophie progressive de la rétine, Legg-Perthes-Calvé, épilepsie, pancréatite, hypothyroïdie, hémorragies, maladies du foie, problèmes dentaires
Shar Pei	Démodécie, amyloïdose, hypothyroïdie, torsion d'estomac, malabsorption, maladies auto-immunes, troubles rénaux, affections de la peau, entropion
Shiba	Luxation de la rotule, hypothyroïdie
Shih Tzu	Troubles rénaux, affections du sang
Spitz allemand (Klein et Mittel)	Luxation de la rotule, atrophie progressive de la rétine, épilepsie, problèmes dentaires
Spitz japonais	Luxation de la rotule
Spitz-loup	Luxation de la rotule, affections de l'œil, hypothyroïdie, épilepsie
Terre-Neuve	Dysplasie de la hanche, ostéochondrite disséquante, torsion d'estomac, cardiopathies, affections de la paupière, hypothyroïdie
Terrier de Boston	Luxation de la rotule, Legg-Perthes-Calvé, cataracte, épilepsie, cardiopathies, surdité
Terrier noir russe	Dysplasie du coude et de la hanche, affections de l'œil
Terrier tibétain	Luxation de la rotule, atrophie progressive de la rétine, luxation du cristallin, cataracte, hypothyroïdie, hémorragies

Bien choisir son éleveur

Pour trouver un bon éleveur, il faut y consacrer du temps. Les éleveurs consciencieux prennent soin de leurs animaux qui sont en général faciles à dresser et en bonne santé. Malheureusement, les chiots de race représentent une valeur marchande indéniable et certaines personnes peu scrupuleuses élèvent de façon intensive des animaux ne remplissant pas les critères de leur race afin d'en tirer le maximum de profit.

Où acheter un chiot ?

N'achetez jamais votre animal à une personne ou une boutique qui propose plusieurs races. Il est plus que probable que leurs chiots viennent d'élevages intensifs et ne vous donnent pas entière satisfaction. En outre, de telles circonstances poussent souvent à l'achat compulsif.

Les vendeurs à éviter

Laissez de côté les élevages qui vendent des chiots de différentes races et ne possèdent que des chenils extérieurs. Le nombre des animaux présents dans ces élevages « professionnels » ne permet pas aux personnes qui les dirigent, aussi compétentes soient-elles, d'accorder à chaque chiot l'attention qu'il mérite. Privilégiez les éleveurs spécialisés dans une seule race, qui ne s'occupent que d'une portée à la fois et qui la logent dans leur maison.

Méfiez-vous des petites annonces et des animaleries. L'apparence d'un animal ne laissant pas deviner ses origines, certains propriétaires d'élevages intensifs essaient par ce biais d'écouler leur marchandise. Ces personnes retiennent les animaux dans de petites cages, font saillir les femelles continuellement et retirent les petits à leur mère bien trop tôt. Ces conditions compromettent la santé et la croissance des chiots qui développent souvent des troubles du comportement dus à un stress important.

Ces éleveurs peu recommandables se donnent beaucoup de mal pour dissimuler leur commerce. Certains iront jusqu'à vous proposer un rendez-vous sur le parking d'une station-service. Une fois sur place et en présence de l'animal, il vous sera très difficile de refuser, même si – ou plutôt surtout si – ce dernier semble mal en point, car les petits souffrent de ces longs voyages séparés de leur mère. D'autres préféreront déposer les chiots chez un de leurs collègues pour que vous ne puissiez pas visiter leurs locaux. Afin de vendre leurs chiots le plus vite possible, ces éleveurs croisent des adultes d'une taille supérieure à la normale pour que les petits soient plus gros et semblent plus âgés.

Déclaration à la SCC

En règle générale, les chiots de race sont déclarés à la Société centrale canine qui délivre leur certificat de naissance. Sachez que ce papier n'est en aucun cas un gage de qualité ou d'approbation, car n'importe qui peut déclarer son animal à la SCC. Il n'existe, hélas, pas d'organisation chargée de contrôler les élevages et d'informer le public de leur qualité. C'est donc par vos propres moyens et à l'aide des conseils de ce chapitre que vous devrez choisir votre éleveur.

Les motivations des éleveurs

Dans nos sociétés modernes, les chiens sont des animaux de compagnie et ne « travaillent » plus à quelques exceptions près : les chiens policiers, les chiens renifleurs, les chiens d'aide aux personnes handicapées, les chiens de chasse et de berger.

Aujourd'hui, les éleveurs de chiens ont pour but d'améliorer la race dans laquelle ils se sont spécialisés. Ils gardent les plus beaux spécimens pour les concours et la reproduction et vendent les autres.

Les chiots doivent être en bonne santé, non-porteurs de maladies génétiques, sociables et aimables.

Les motivations varient, mais ce sont surtout les expositions canines qui intéressent les éleveurs. Elles récompensent les personnes ayant réussi à obtenir un chien qui s'approche le plus possible du standard (description type de caractéristiques morphologiques, telles que la position des oreilles ou la longueur de la queue). Par conséquent, les animaux sont récompensés pour leur apparence plutôt que pour leur comportement.

Les mauvais éleveurs

Le système de notation de ces expositions permet aux mauvais éleveurs de présenter des chiens qui n'ont suivi aucun dressage. Beaucoup d'animaux de concours vivent dans des chenils et ne sont manipulés que par des maîtres-chiens compétents afin de camoufler leurs traits de caractère négatifs. Si les éleveurs ne surveillent pas l'évolution de leur lignée, il se pourrait qu'ils vendent, parfois sans s'en soucier, des chiens potentiellement difficiles à leurs acheteurs.

On ne peut juger du comportement d'un chiot lorsqu'on le voit pour la première fois. Malheureusement, quand sa vraie nature se révèle ses maîtres y sont trop attachés pour le ramener à l'éleveur. Dans la mesure où le tempérament d'un chien adulte dépend à la fois de la génétique et de l'éducation qu'il a reçue, les mauvais éleveurs se contentent souvent de blâmer le dressage des propriétaires sans remettre en question leurs conditions d'élevage

À quoi reconnaît-on un bon éleveur ?

Par chance, il existe également de très bons éleveurs soucieux de l'éducation de leurs chiots et de leur avenir. Ils ont à cœur de placer leurs animaux dans des foyers responsables et soumettent leurs acheteurs à un interrogatoire minutieux pour s'assurer de leurs motivations. Ces éleveurs se préoccupent du comportement et de l'apparence et choisissent pour cela des parents faciles à vivre. Ils restent en contact avec les propriétaires de leurs chiots pour leur apporter des conseils et les aider à trouver une nouvelle famille à leur animal si nécessaire. Trouver un bon éleveur est la condition sine qua non si voulez un animal qui vous convienne.

Les éleveurs choisissent souvent les plus beaux chiots d'une portée dans l'espoir d'en faire de grands champions.

Les bons éleveurs prennent soin de sélectionner les géniteurs, d'apporter les soins médicaux nécessaires et de n'élever qu'une portée à la fois. Ils n'en produisent pas plus de deux ou trois par an, parfois moins, et s'assurent toujours de la bonne éducation et de la bonne santé des petits.

Pour rencontrer un éleveur compétent et demander conseil à des propriétaires de chiens de race, rendez vous dans une exposition canine. Vous trouverez les dates de ces rassemblements dans la presse spécialisée ou sur Internet. Contactez des clubs de race et demandez à leurs dirigeants les coordonnées de bons éleveurs. Habituellement, les personnes à la tête de ces organisations sont de vrais passionnés dont les conseils vous seront fort utiles. Questionnez les maîtres qui possèdent un chien aimable de la race que vous avez choisie, et discutez avec leur éleveur.

Les meilleurs éleveurs produisent peu d'animaux et surtout, ils ne travaillent pas à la demande. Ils vous communiqueront la date de naissance de la prochaine portée et vous n'aurez plus qu'à patienter. Cela vous semblera peut-être long, mais si vous avez choisi votre éleveur avec soin, le jeu en vaudra la chandelle.

Pour reconnaître un éleveur digne de ce nom, reportez-vous aux critères suivants. N'hésitez ni à lui poser des questions, ni à visiter d'autres élevages s'il ne vous apporte pas les réponses attendues..

Corniauds et bâtards

Beaucoup de chiots bâtards ou corniauds attendent dans des refuges ou chez des particuliers d'être adoptés. Vous ne pouvez ni prévoir leur taille adulte ni leur comportement futur, mais ces animaux se révèlent souvent être de très bons chiens de compagnie.

Il existe chez ces chiens toutes sortes de morphologies, de tailles, de robes et de caractères, car chacun est unique. Les bâtards sont issus d'un croisement de deux ou plusieurs races, tandis que les corniauds possèdent des origines extrêmement diverses. Ils vivent de douze à seize ans et sont beaucoup moins exposés aux maladies héréditaires que les chiens de race. Étant donné la diversité de leurs tempéraments, le besoin d'exercice de ces animaux varie considérablement.

Il est possible que les chiots soient fatigués s'ils viennent de téter et de jouer, mais ils ne manqueront pas de se réveiller et vous apprendrez à mieux connaître leur caractère.

Des chiots heureux et en bonne santé

L'éleveur doit pouvoir vous renseigner sur les maladies héréditaires inhérentes à la race dont il s'occupe et être en mesure de vous montrer les certificats médicaux qui attestent que ses géniteurs ont subi des examens visant à dépister les anomalies génétiques.

Un bon éleveur ne refusera jamais de vous parler des problèmes de santé qui touchent ses animaux ainsi que les lignées utilisées pour la reproduction. S'il est compétent, il vous offrira une garantie médicale et vous remboursera si votre chiot est atteint d'un quelconque trouble génétique. Choisissez un éleveur qui accorde beaucoup d'importance au caractère des géniteurs et renseignez-vous sur les raisons qui ont orienté le choix des parents et celui du mâle en particulier. N'hésitez pas à poser des questions sur le caractère des chiots issus de précédentes portées si l'éleveur a déjà utilisé les mêmes parents, et demandez à contacter leurs propriétaires. Ainsi, vous pourrez juger de leur satisfaction et peut-être accepteront-ils de vous écrire et de vous envoyer des photographies.

Les chiots que l'on habitue très tôt à l'homme sont extravertis et ne craignent pas de s'approcher des étrangers.

La mère est avec les petits

Sachant qu'un chiot hérite de sa mère la moitié de son patrimoine génétique, il est très important que vous la rencontriez et que vous la trouviez à votre goût. Insistez sur ce point et restez sur vos gardes si on vous le refuse. La mère doit être habituée à la vie avec les humains et accepter sans rechigner l'arrivée de visiteurs. Durant la grossesse et l'allaitement, les hormones aggravent les troubles du comportement sous-jacents chez la femelle, surtout l'agressivité envers les étrangers. Si l'éleveur vous dit que sa chienne se comporte ainsi uniquement quand elle a des petits, croyez-le, mais gardez en mémoire qu'elle peut être sujette à des troubles comportementaux. Si l'éleveur vous propose de rencontrer la mère dans une autre pièce, cherchez-en un plus compétent et faites de même si elle se trouve dans une cage voisine de celle des chiots et vous accueille avec des grognements. Ses petits, témoins de sa peur, seront susceptibles de reproduire ce comportement à l'âge adulte. Si la chienne est absente, questionnez l'éleveur. S'il vous répond qu'elle est en promenade, attendez son retour ou revenez plus tard. L'éleveur doit être en mesure de vous montrer des photographies du père et de vous fournir des informations à son sujet. Contactez le propriétaire de ce chien et interrogez-le sur son comportement, ou mieux encore, prenez rendez-vous et allez le rencontrer.

La santé des chiots

Les petits doivent avoir le poil brillant et déborder de santé, d'énergie et de vie. Si vous avez quelques doutes, demandez à un vétérinaire d'effectuer un bilan de santé (payant) avant de ramener votre chiot à la maison. Un bon éleveur n'y verra aucun inconvénient.

Les chiots vivent dans la maison

Il n'existe pas de meilleur endroit où élever des chiots. Ils y découvrent les sons, les odeurs et les images qui accompagnent la vie auprès des humains. Le tintement des casseroles leur devient familier, ils s'habituent à jouer avec les enfants, apprennent à marcher sur la moquette, à monter et descendre les escaliers et beaucoup d'autres choses qui les préparent à une existence de chien de compagnie..

Une portée de chiots entière fait énormément de saletés, alors n'espérez pas les trouver au milieu du salon. Cependant, assurez-vous qu'ils ne demeurent pas trop loin et ont quotidiennement accès à la maison. Si nécessaire, demandez à voir comment les chiots se comportent à l'intérieur. S'ils semblent craintifs et se déplacent furtivement, ils agiront de même chez vous et dans tous les endroits nouveaux. Un petit correctement sociabilisé ira, quant à lui, d'un pas résolu renifler tous les recoins.

Le local qui abrite les petits doit être propre et pourvu de deux parties bien distinctes et faciles d'accès : l'une où les chiots dorment et l'autre où ils font leurs besoins. Les chiots qui vivent dans des enclos où tout le sol est recouvert de la même litière (paille ou lambeaux de papier journal) ne sont pas habitués à quitter l'endroit où ils dorment pour se soulager et leur apprentissage de la propreté s'avérera très difficile.

La maternité est une période stressante pour les chiennes et des troubles comportementaux sous-jacents peuvent remonter à la surface.

Ferez-vous un bon maître ?

Attendez-vous à être questionné si vous avez affaire à un éleveur sérieux. S'il ne vous prête aucune attention et ne se soucie pas de la façon dont vous comptez élever son chiot, ce n'est probablement que l'argent qui l'intéresse.

L'éleveur sociabilise les chiots

Afin que les chiots se montrent affectueux et extravertis à l'âge adulte, ils doivent être mis très tôt en contact avec des humains et d'autres animaux. Il est indispensable qu'ils aient rencontré et joué avec des hommes, des femmes, des enfants de tous âges, des adolescents et des personnes âgées avant que vous ne les accueilliez dans votre foyer. Lorsque vous vous rendez chez un éleveur, venez avec une personne du sexe opposé afin de vérifier l'attitude des chiots face aux hommes et aux femmes. Souvent, les chiots sont élevés par des femmes et n'ont pas de contact avec les hommes avant que l'un d'eux ne les adopte. Il est alors normal qu'ils se montrent craintifs à leur égard. Si les chiots vous évitent, vous pouvez en déduire qu'ils n'ont pas été suffisamment habitués aux étrangers.

Les petits élevés à la maison se montreront plus à l'aise dans leur rôle de chien de compagnie que ceux qui ont grandi dans un chenil.

Nous l'avons vu, dans une maison les chiots s'habituent aux bruits, aux odeurs et aux choses qu'ils rencontreront dans leur foyer d'adoption. Pour cette raison, assurez-vous que les personnes qui élèvent leurs animaux dans des enclos très calmes les confrontent suffisamment à l'environnement humain : aspirateur, lave-linge, surfaces diverses... Ce qui nous paraît normal ne l'est pas forcément pour un chien. Il faut aussi que l'éleveur habitue les petits aux trajets en voiture et prépare leur séparation d'avec leur mère et leurs frères et sœurs. Bien que le système immunitaire des chiots ne soit pas encore arrivé à maturité, cela ne doit pas empêcher l'éleveur de leur faire rencontrer des chiens adultes vaccinés, ce qui se passe très naturellement dans une maison pleine de vie, mais demande un peu plus d'efforts au sein d'un élevage plutôt calme. Dans tous les cas si l'éleveur est compétent, il aura fait le nécessaire et pourra vous conseiller afin que vous continuiez dans cette voie.

L'éleveur est compétent

Les éleveurs dignes de ce nom possèdent un savoir intarissable sur les chiens en général et sur leur race en particulier. Restez vigilant face à ceux qui tentent de vous impressionner et ceux qui élèvent depuis des années : ce ne sont pas forcément les plus compétents.

L'éleveur vous propose son aide

Un bon éleveur vous offrira sans hésiter ses conseils tout au long de la vie de votre animal et vous indiquera les personnes à contacter en cas de problème. Il s'intéressera au développement de votre chien et vous demandera peut-être de l'appeler ou de lui rendre une visite annuelle pour découvrir ses progrès. Si vous devez un jour vous séparer de votre compagnon, l'éleveur doit s'engager à le recueillir ou à lui trouver un nouveau foyer.

Un bon éleveur :

- Se préoccupe de la santé et du tempérament des chiots.
- Vous permet de rencontrer la mère et ses petits.
- Élève les chiots dans sa maison ou les laisse s'y promener.
- Habitue les petits aux humains et aux animaux.
- Connaît parfaitement les chiens.
- Est soucieux de l'avenir de ses chiots.

Prenez le temps de découvrir le chiot que vous avez choisi avant de décider si son caractère correspondra aux attentes de votre famille.

Trouver un chien adulte

Les avantages d'un chien adulte ne sont pas négligeables : propres et plus calmes qu'un chiot, vous pouvez en choisir la taille, la morphologie et le caractère définitifs.

Si vous avez la patience de les dresser, même les chiens les plus habitués à l'éducation de leur précédent maître s'adapteront sans mal à votre style de vie. Les vieux chiens sont un peu plus difficiles à rééduquer, mais plus ils sont âgés et plus il y a de chances qu'ils aient fait de bons chiens de compagnie par le passé.

Où s'adresser ?

De nombreux organismes proposent des chiens adultes à la vente ou à l'adoption. Prenez le temps de visiter ceux de votre région et de les comparer afin de choisir celui qui sera le plus à même de vous orienter dans le choix de votre animal. Comme dans tous les domaines, vous aurez de bonnes et de mauvaises surprises, car la qualité des conseils prodigués dans ces établissements dépend de la compétence des personnes qui les dirigent.

Prévoyez suffisamment de temps et n'hésitez pas à effectuer plusieurs visites si vous voulez trouver un chien qui vous convienne. Si vous avez de jeunes enfants, évitez de les emmener avec vous, car ils insisteront pour prendre l'animal le plus mignon et vous empêcheront de choisir celui qui possède le tempérament le plus adapté à votre famille. Surtout, ne vous sentez pas obligé de repartir avec un chien si aucun ne vous convient et ne vous laissez pas attendrir par

Beaucoup de chiens adultes attendent d'être adoptés par une famille aimante dont ils feront le bonheur.

les personnes qui vous engagent à recueillir un animal sous prétexte qu'il devra être euthanasié si personne n'en veut. Des milliers de chiens attendent un nouveau maître et des milliers d'autres dont on ne veut plus sont malheureusement euthanasiés chaque jour. Pourtant, il vaut mieux en choisir un qui rendra votre famille heureuse plutôt que de recueillir un animal difficile pour lui éviter un bien triste avenir.

Les refuges

Il en existe de toutes sortes, depuis les organismes gérés par la SPA à l'échelle nationale, jusqu'aux petits refuges dirigés par des particuliers. Afin de découvrir ceux dont la qualité et la compétence sont reconnues dans votre région, demandez conseil à des amis ou à des professionnels du chien.

Diriger un refuge coûte cher. Les chiens y sont vaccinés, soignés, correctement nourris, stérilisés et rééduqués si nécessaire. Vous devrez donc faire une donation assez conséquente au refuge, calculée en fonction des prix pratiqués pour les interventions susmentionnées.

Un refuge moderne est un endroit clair et spacieux où les chiens sont bien traités, bien soignés et heureux. Malheureusement, tous les établissements qui recueillent des animaux ne sont pas aussi agréables et certains ressemblent à des prisons. Essayez de ne pas vous laisser émouvoir et tenez-vous-en à votre liste de caractéristiques importantes. Ne vous attachez pas à un chien avant de savoir s'il pourra s'adapter au sein de votre foyer et surtout fiez-vous aux conseils du personnel du refuge. Ils n'agiraient pas dans leur intérêt, bien au contraire, en vous dirigeant vers le mauvais animal.

La vie dans un chenil étant assez stressante, les chiens que vous y rencontrerez ne se comporteront pas de la même façon que s'ils étaient chez eux. Puisque vous n'aurez qu'un aperçu de leur caractère, demandez au personnel qui s'en occupe de vous décrire leur comportement au quotidien.

Un chien adulte bien choisi apportera bonheur et affection à votre foyer pendant de longues années.

Le personnel du refuge connaît bien le tempérament des animaux dont il s'occupe et pourra vous renseigner à ce sujet.

Essayez de recueillir les témoignages de plusieurs employés, puis emmenez le chien dehors dans un endroit calme pour apprendre à le connaître. Jouez avec lui, caressez-le, brossez-le et étudiez ses réactions face aux autres chiens, aux étrangers, aux enfants. Il est assez difficile d'arrêter sa décision après seulement deux ou trois visites, surtout si vous n'avez jamais eu de chien auparavant. Dans ce cas, faites-vous accompagner d'un ami plus expérimenté dans ce domaine. Si le refuge accepte de vous réserver un animal, essayez de venir le voir chaque jour pour qu'il s'habitue à vous et inversement. Vous pourrez ainsi prendre une décision réfléchie en toute connaissance de cause.

Les associations de race

Il arrive parfois à certaines de ces organisations (à ne pas confondre avec les clubs de race) de « replacer » des animaux dont les propriétaires se voient dans l'obligation de se séparer. Contactez la SCC ou consultez leur site Internet pour connaître les coordonnées des associations de race. L'animal à replacer séjourne chez ses maîtres jusqu'à ce qu'il ait trouvé un nouveau foyer, ce qui présente un avantage certain, car vous pourrez savoir de source sûre quel est le tempérament du chien que vous vous apprêtez à acquérir.

Néanmoins, il se peut que vous ayez à attendre un certain temps ou à voyager un peu, car le choix est assez restreint. Ne vous laissez surtout pas influencer, restez ferme et prenez tout le temps qu'il vous faut pour peser le pour et le contre.

Les éleveurs

Certains élèvent parfois plusieurs animaux jusqu'à l'âge adulte afin de choisir les plus beaux spécimens qu'ils présenteront ensuite dans les expositions canines. Si les chiens ont passé toute leur vie en chenil, ils ne feront pas de bons animaux de compagnie. Souvent, les génitrices qui ne sont plus en âge de se reproduire sont « mises à la retraite ». Peu d'entre elles ont connu la vie au sein d'un foyer et elles ne sont ni familiarisées à la vie auprès des humains ni habituées à rencontrer des étrangers ou des chiens qu'elles ne connaissent pas. Après tant d'années vécues au milieu d'autres chiens, elles se montrent nerveuses, peu sociables avec les humains et très difficiles à rééduquer. Il est préférable d'éviter ce type de chiens à moins que vous ne soyez très motivé et patient ou qu'ils n'aient été élevés comme des animaux de compagnie. Optez plutôt pour un animal dont les propriétaires ont dû se séparer. Les éleveurs les plus consciencieux (voir chapitre précédent) acceptent fréquemment d'accueillir les chiens qu'ils ont élevés avant de leur trouver une nouvelle famille. Si l'animal est d'un tempérament aimable et a reçu de ses précédents maîtres une bonne éducation, il se peut qu'il s'adapte parfaitement à votre foyer. Rendez visite à l'éleveur afin de découvrir le chien et n'oubliez pas que vous avez tout à fait le droit de refuser l'achat ou l'adoption s'il ne vous convient pas.

Les amis

Recueillir le chien d'un ami qui, pour de bonnes raisons, ne peut plus s'en occuper représente un avantage certain : vous connaissez l'animal et n'aurez donc pas de mauvaise surprise. En revanche, n'adoptez jamais un chien pour rendre service à une de vos connaissances, car s'il ne vous convient pas, ni vous ni lui ne serez heureux et vous finirez par vous brouiller avec vos amis. Demandez aux membres de votre entourage s'ils connaissent une personne désireuse de séparer de son compagnon. Comme toujours, rencontrez le chien et ne vous laissez pas influencer.

Les petites annonces

Si vous le pouvez, évitez-les. Trouver un bon chien grâce à une petite annonce relève du hasard. Questionnez longuement les propriétaires avant de vous rendre chez eux. S'ils se montrent incapables de vous répondre, il se peut qu'ils ne soient pas les propriétaires originaux de l'animal et, dans ce cas, il vous sera très difficile de prendre une décision. Si vous avez l'impression qu'ils vous cachent des choses, restez prudent.

Refuser un animal s'avère très difficile quand celui-ci ne vit pas dans de bonnes conditions. Si vous deviez trouver un chien grâce à une petite annonce, prévoyez de passer du temps avec lui et demandez à ses propriétaires l'autorisation de l'emmener en promenade. Effectuez plusieurs visites, prenez le temps de réfléchir et n'écoutez pas les propriétaires qui vous disent qu'une autre personne est intéressée et que vous devez vous décider sur-le-champ.

Comment utiliser ce guide

Les descriptions que vous trouverez dans cet ouvrage s'appuient sur différentes opinions de professionnels et de passionnés du chien. Les traits de caractère propres à chaque race que nous présentons ici se retrouvent chez la majorité des animaux, mais il est possible qu'il ne s'applique pas à certains.

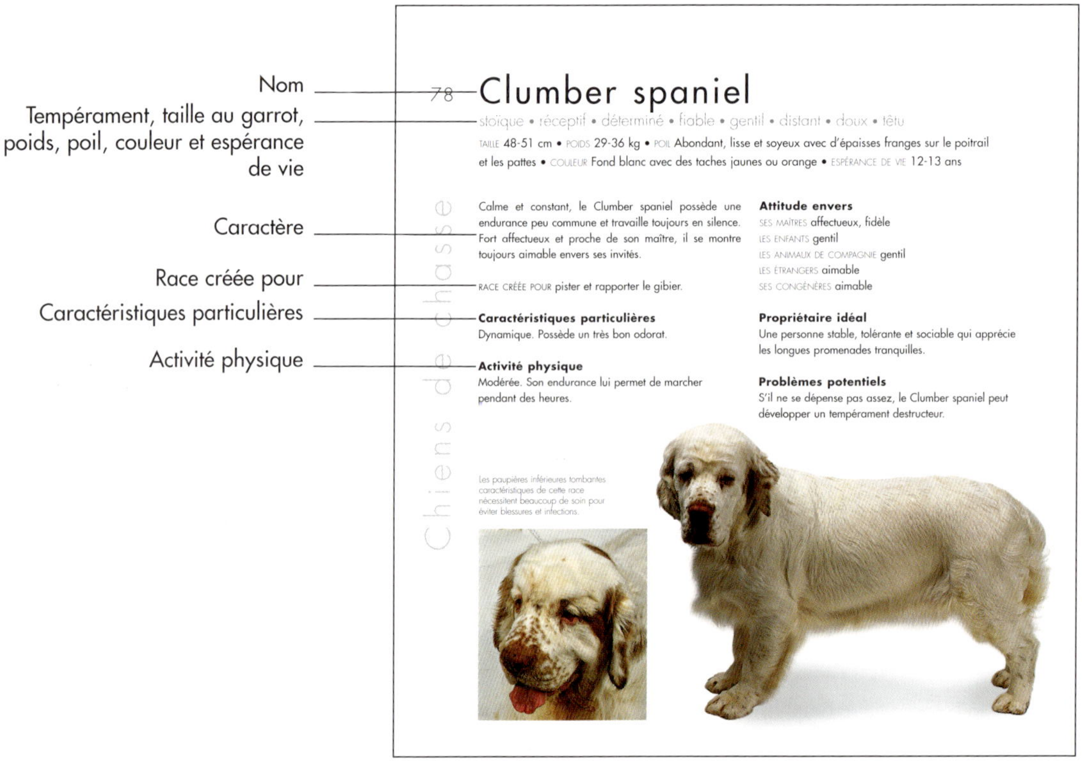

Les attitudes envers les enfants, les animaux de compagnie, les inconnus et les autres chiens exposées ici se basent, une fois de plus, sur les témoignages de nombreuses personnes. Ces informations ne sont données qu'à titre indicatif, car le comportement d'un animal dépend en grande partie de son éducation et de son entourage.

Ce guide recense également les problèmes comportementaux les plus fréquents chez les chiens de race. Tous les animaux ne développeront pas obligatoirement ce type de troubles, mais il est possible que quelques individus montrent certaines de ces tendances.

Une description du propriétaire idéal vous est proposée, afin que vous puissiez choisir votre animal en fonction de votre caractère. Si vous ne correspondez pas à la description pour la race que vous aviez choisie, interrogez-vous sur la façon dont cela pourrait affecter l'animal que vous souhaitez accueillir chez vous et tournez-vous plutôt vers une autre race mieux adaptée à votre style de vie.

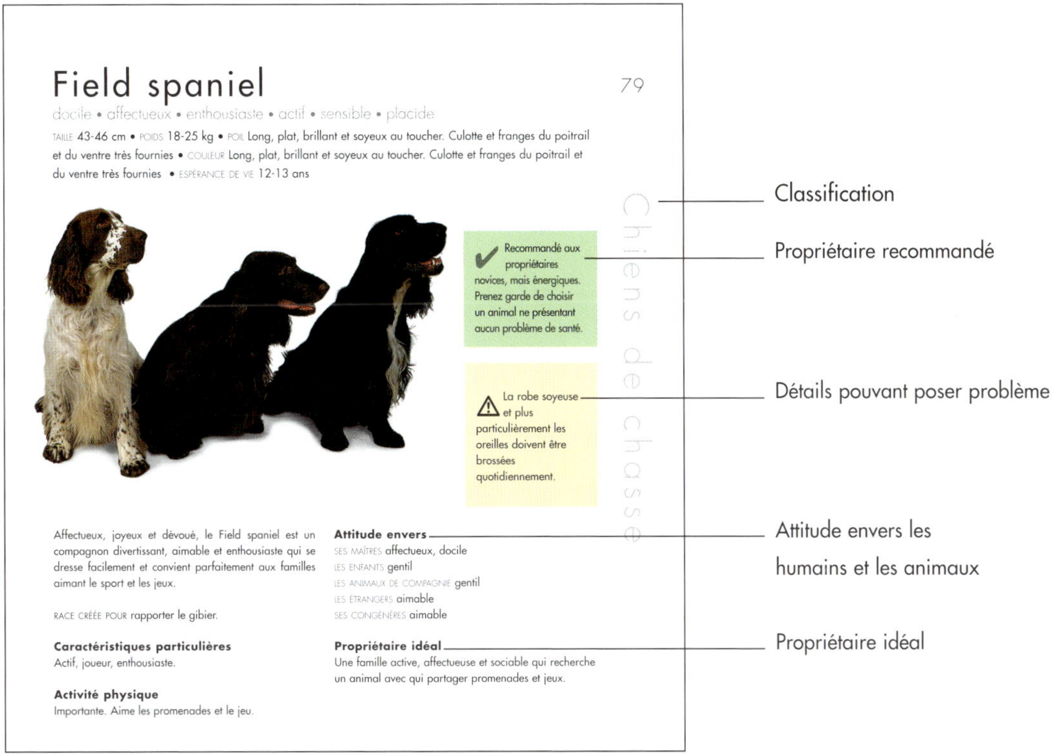

Field spaniel 79

docile • affectueux • enthousiaste • actif • sensible • placide

TAILLE 43-46 cm • POIDS 18-25 kg • POIL Long, plat, brillant et soyeux au toucher. Culotte et franges du poitrail et du ventre très fournies • COULEUR Long, plat, brillant et soyeux au toucher. Culotte et franges du poitrail et du ventre très fournies • ESPÉRANCE DE VIE 12-13 ans

Chiens de chasse

Recommandé aux propriétaires novices, mais énergiques. Prenez garde de choisir un animal ne présentant aucun problème de santé.

La robe soyeuse et plus particulièrement les oreilles doivent être brossées quotidiennement.

Affectueux, joyeux et dévoué, le Field spaniel est un compagnon divertissant, aimable et enthousiaste qui se dresse facilement et convient parfaitement aux familles aimant le sport et les jeux.

RACE CRÉÉE POUR rapporter le gibier.

Caractéristiques particulières
Actif, joueur, enthousiaste.

Activité physique
Importante. Aime les promenades et le jeu.

Attitude envers
SES MAÎTRES affectueux, docile
LES ENFANTS gentil
LES ANIMAUX DE COMPAGNIE gentil
LES ÉTRANGERS aimable
SES CONGÉNÈRES aimable

Propriétaire idéal
Une famille active, affectueuse et sociable qui recherche un animal avec qui partager promenades et jeux.

Braque italien

docile • légèrement têtu • aimable • doux • placide

TAILLE 55-67 cm • POIDS 25-40 kg • POIL Court et dense • COULEUR Blanc avec des taches orange, ambre ou marron, rouan avec d'importantes taches. Parties blanches parfois tachetées • ESPÉRANCE DE VIE 12-13 ans

Ce chien possède assez d'énergie et d'enthousiasme pour chasser pendant plusieurs jours consécutifs. Doux et calme à la maison, il fait un agréable compagnon tolérant mais quelque peu têtu.

RACE CRÉÉE POUR pister, marquer l'arrêt et rapporter le gibier sur terre comme dans l'eau.

Caractéristiques particulières
Vigoureux chasseur, énergique, joueur.

Activité physique
Importante. Calme à la maison. Apprécie les longues marches et la course en liberté.

Attitude envers
SES MAÎTRES placide
LES ENFANTS tolérant
LES ANIMAUX DE COMPAGNIE parfois agressif envers les petits animaux
LES ÉTRANGERS plutôt aimable
SES CONGÉNÈRES plutôt aimable

Propriétaire idéal
Une famille dynamique qui aime les longues promenades et désire acquérir un animal calme, docile et indépendant.

Problèmes potentiels
Son enthousiasme est parfois difficile à contrôler en promenade.

Épagneul breton

dynamique • réceptif • énergique • affectueux • enthousiaste

TAILLE 46-52 cm • POIDS 13-15 kg • POIL Dense, plutôt fin et légèrement ondulé • COULEUR Orange/blanc, foie/blanc, noir/blanc, tricolore ou rouan • ESPÉRANCE DE VIE 13-15 ans

Enthousiaste, réceptif et dynamique, l'Épagneul breton est un bourreau de travail qui doit se dépenser pour être heureux. Ce n'est pas un chien que vous pouvez laisser à la maison pendant vos heures de travail et vos sorties car il a besoin de compagnie et d'exercice.

RACE CRÉÉE POUR marquer l'arrêt, lever et rapporter le gibier.

Caractéristiques particulières
Joueur, affectueux, dynamique. A grand besoin d'exercice.

Activité physique
Importante. Aussi actif à la maison qu'en promenade.

Attitude envers
SES MAÎTRES dévoué
LES ENFANTS docile, joueur
LES ANIMAUX DE COMPAGNIE gentil
LES ÉTRANGERS plutôt aimable
SES CONGÉNÈRES plutôt aimable

Propriétaire idéal
Une personne active et dynamique qui aime jouer avec son animal et partager avec lui tous les moments de la vie.

Problèmes potentiels
Les chiens issus de certaines lignées se montrent parfois agressifs envers les étrangers.

Braque hongrois

vif • réceptif • obéissant • sensible • affectueux • docile

TAILLE 53-64 cm • POIDS 20-30 kg • POIL Court et dense. Il existe une variété plus rare à poil dur • COULEUR Nuances de sable • ESPÉRANCE DE VIE 13-14 ans

Aimable et énergique, le Braque hongrois a une nature dynamique et exubérante, surtout lorsqu'il est excité. Il peut dans ces moments-là, sans le vouloir, faire tomber les enfants et les personnes âgées, mais s'il se dépense suffisamment, il se montre calme, affectueux et obéissant une fois dressé.

RACE CRÉÉE POUR marquer l'arrêt et rapporter le gibier sur terre comme dans l'eau.

Caractéristiques particulières
Aimable, joueur, dynamique.

Activité physique
Importante. L'énergie de cet animal doit être canalisée.

Attitude envers
SES MAÎTRES réceptif, affectueux
LES ENFANTS aimable. Parfois trop vif avec les plus petits
LES ANIMAUX DE COMPAGNIE parfois agressif
LES ÉTRANGERS aimable
SES CONGÉNÈRES aimable

Propriétaire idéal
Une famille dynamique et active qui recherche un chien énergique avec qui partager promenades et séances de jeu et de dressage.

Problèmes potentiels
S'il ne se dépense pas assez, ce chien peut devenir turbulent et se sauver.

Spinone

fidèle • réceptif • patient • affectueux • facile à vivre • docile

TAILLE 60-70 cm • POIDS 29-39 kg • POIL Dur, épais et légèrement rêche • COULEUR Blanc, blanc avec des taches orange, blanc moucheté d'orange, blanc avec des taches marron, blanc émaillé de marron (rouan) avec ou sans grandes taches marron • ESPÉRANCE DE VIE 12-14 ans

Docile et facile à vivre, le Spinone convient très bien aux familles avec des enfants. Très joueur et énergique en promenade, il se montre doux et calme à la maison.

RACE CRÉÉE POUR pister et rapporter le gibier.

Caractéristiques particulières
Calme, joueur, peu mordant. Possède un nez très fin.

Activité physique
Importante à modérée.
Dynamique en promenade, calme à la maison.

Attitude envers
SES MAÎTRES docile, apprécie les caresses
LES ENFANTS patient, aimable
LES ANIMAUX DE COMPAGNIE gentil
LES ÉTRANGERS aimable, parfois méfiant
SES CONGÉNÈRES aimable

Propriétaire idéal
Une famille qui recherche un compagnon affectueux avec qui jouer et se promener.

Problèmes potentiels
Supporte difficilement la solitude.

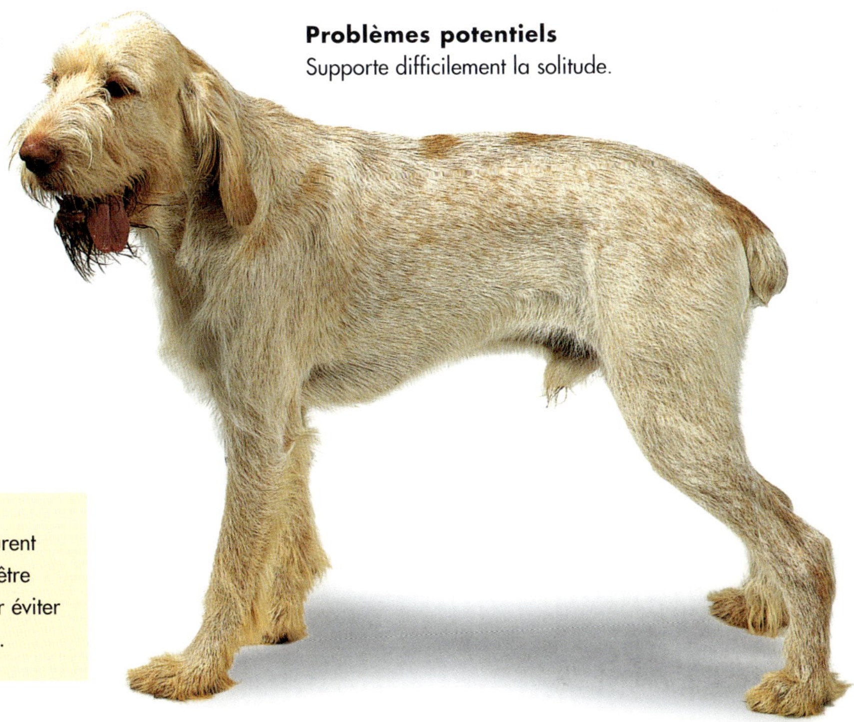

⚠ Les poils qui entourent la gueule doivent être lavés régulièrement pour éviter les odeurs désagréables.

Kooikerhondje

sensible • aimable • vif

TAILLE 35-40 cm • POIDS 9-11 kg • POIL De longueur moyenne, légèrement ondulé ou raide • COULEUR Blanc avec des taches rouge orangé • ESPÉRANCE DE VIE 12-13 ans

Ce très beau chien déborde d'énergie et de vitalité. Méfiant envers les étrangers, le Kooikerhondje est, en revanche, fidèle, et très attaché à ses maîtres. Ce chien sensible aime travailler et être toujours en mouvement.

RACE CRÉÉE POUR leurrer, attirer, lever et rapporter les canards.

Caractéristiques particulières
Vif d'esprit. A besoin de nombreuses stimulations.

Activité physique
Importante. Énergique, ne supporte pas l'inactivité.

Attitude envers
SES MAÎTRES affectueux, fidèle
LES ENFANTS aimable s'il a grandi à leurs côtés
LES ANIMAUX DE COMPAGNIE gentil
LES ÉTRANGERS méfiant mais aimable
SES CONGÉNÈRES méfiant mais aimable

Propriétaire idéal
Une famille ou une personne douce qui aiment jouer avec leur chien et lui prodiguer de nombreuses caresses.

⚠ Les franges formées par le pelage peuvent transporter boue et poussière dans votre intérieur.

Grand Münsterländer

vif • dynamique • travailleur • docile • fidèle • affectueux

TAILLE 58-65 cm • POIDS 25-29 kg • POIL Long et dense, ni bouclé ni rêche. Longues franges sur le poitrail, les membres antérieurs et la queue • COULEUR Tête entièrement noire. Corps blanc moucheté de noir ou de bleu avec des taches noires • ESPÉRANCE DE VIE 12-13 ans

La fidélité est sans doute la plus grande qualité du Münsterländer. Très volontaire, ce chien débordant d'énergie peut passer des journées entières à courir et à jouer. Le Petit Münsterländer, cousin du premier, est de plus petite taille avec une robe foie au lieu de noire.

RACE CRÉÉE POUR pister, marquer l'arrêt et rapporter le gibier sur terre comme dans l'eau. Le Münsterländer est en fait une variation dans une autre couleur du Chien d'arrêt allemand à poil dur.

Caractéristiques particulières
Énergique, joueur. Possède un odorat très développé.

Activité physique
Importante. Aussi énergique en promenade qu'à la maison.

Attitude envers
SES MAÎTRES docile, fidèle
LES ENFANTS plutôt tolérant, parfois trop vif avec les plus petits
LES ANIMAUX DE COMPAGNIE gentil
LES ÉTRANGERS plutôt aimable s'il a bien été sociabilisé
SES CONGÉNÈRES plutôt aimable

Propriétaire idéal
Une personne expérimentée et dynamique qui sera capable de dresser son animal et de lui apporter l'exercice dont il a besoin.

Problèmes potentiels
Certaines lignées font preuve d'hostilité si les places de dominé et de dominant ne sont pas bien définies au sein du foyer. Parfois, ces animaux peuvent considérer les étrangers comme une menace.

⚠ Les franges formées par le pelage peuvent transporter boue et poussière dans votre intérieur.

Chien d'eau espagnol

fidèle • obéissant • aimable • vigilant

TAILLE 40-50 cm • POIDS 14-22 kg • POIL Laineux et bouclé, forme des mèches lorsqu'il est long et doit être taillé • COULEUR Noir, marron, différentes teintes de blanc ; noir et blanc (particolore) mais jamais ternaire • ESPÉRANCE DE VIE 10-14 ans

Ce chien à la robe bouclée caractéristique se montre très fidèle et très attaché à son maître. Avec son instinct naturel de gardien, le Chien d'eau espagnol tend à être méfiant et distant avec les étrangers. Travailleur et enthousiaste, il lui faut énormément d'exercice pour répondre à ses besoins.

RACE CRÉÉE POUR aider les pêcheurs, mener les troupeaux et rapporter le gibier.

Caractéristiques particulières
Obéissant, énergique, joueur, bon nageur.

Activité physique
Importante.

Attitude envers
SES MAÎTRES fidèle, affectueux
LES ENFANTS parfois intolérant
LES ANIMAUX DE COMPAGNIE parfois agressif envers les petits animaux
LES ÉTRANGERS comportement de chien de garde
SES CONGÉNÈRES plutôt aimable

Propriétaire idéal
Une personne expérimentée qui désire acquérir une race peu commune et qui possède assez d'énergie pour répondre quotidiennement à ses besoins que ce soit par le jeu, le dressage ou l'exercice.

Problèmes potentiels
Se montre très agressif envers les étrangers qui pénètrent sur son territoire s'il n'a pas été correctement sociabilisé.

Braque de Weimar

aimable • joyeux • protecteur • obéissant • actif • vif

TAILLE 56-69 cm • POIDS 32-39 kg • POIL Court, lisse et brillant. (Il existe également une variété à poil long.) • COULEUR Gris argenté de préférence, nuances de gris souris et de chevreuil acceptées. La robe présente dans son ensemble un éclat métallique • ESPÉRANCE DE VIE 13 ans

Le Braque de Weimar est une race particulièrement joyeuse et dynamique qui adore l'exercice, mais apprécie également un repos bien mérité auprès de son maître. Son tempérament aimable lui permet de trouver sa place au sein de toutes les familles, même si les plus petits que lui font parfois les frais de son enthousiasme.

RACE CRÉÉE POUR pister, chasser, rapporter le gros gibier et marquer l'arrêt.

Caractéristiques particulières

Actif, joyeux, joueur, têtu, très proche de son maître.

Activité physique

Très importante. Les jeunes en particulier ont besoin d'énormément d'exercice.

Attitude envers

SES MAÎTRES attentif, friand de caresses

LES ENFANTS aimable, parfois trop vif avec les plus petits

LES ANIMAUX DE COMPAGNIE gentil, mais susceptible de les pourchasser et de les blesser

LES ÉTRANGERS aimable s'il a bien été sociabilisé, comportement de chien de garde

SES CONGÉNÈRES aimable s'il a bien été sociabilisé

Propriétaire idéal

Une personne dynamique, autoritaire et sportive qui apprécie le dressage et les jeux avec son animal.

Problèmes potentiels

Lorsqu'il manque d'exercice, ce chien a tendance à se sauver et à développer un comportement destructeur. S'il n'a pas été bien sociabilisé, il se peut qu'il soit agressif envers ses congénères.

⚠ Il ne faut pas laisser cet animal dehors car son poil fin ne le protège pas du froid.

Griffon d'arrêt à poil dur

aimable • fiable • sensible • dynamique

TAILLE 56-61 cm • POIDS 23-27 kg • POIL Épais, rêche et de longueur moyenne • COULEUR Gris acier avec des taches marron • ESPÉRANCE DE VIE 12-15 ans

Travailleur et sensible, le Griffon d'arrêt à poil dur se sent à son aise au sein d'une famille douce et active à laquelle il pourra témoigner beaucoup d'affection. Très réceptif, il a assez d'énergie pour jouer toute une journée et être frais et dispos le lendemain.

RACE CRÉÉE POUR chasser et rapporter le gibier sur terre comme dans l'eau.

Attitude envers
SES MAÎTRES affectueux, réceptif
LES ENFANTS gentil
LES ANIMAUX DE COMPAGNIE gentil, susceptible de les pourchasser
LES ÉTRANGERS aimable
SES CONGÉNÈRES aimable

Propriétaire idéal
Une famille dynamique qui aime les promenades énergiques et qui recherche un animal très affectueux à dresser et avec qui jouer.

Problèmes potentiels
Certaines femelles, lorsqu'elles sont traitées un peu durement, urinent en signe de soumission.

Caractéristiques particulières
Joueur, joyeux, bon chasseur. Possède un très bon flair.

Activité physique
Importante. A besoin de courir quotidiennement.

⚠ Les poils qui entourent la gueule doivent être lavés régulièrement.

Pointer

doux • obéissant • sensible • vif • gentil

TAILLE 61-69 cm • POIDS 20-30 kg • POIL Fin, court et dur • COULEUR Citron et blanc, orange et blanc, foie et blanc, noir et blanc • ESPÉRANCE DE VIE 12-14 ans

Animal très dynamique, le Pointer a besoin de dégourdir ses longues pattes agiles très régulièrement afin d'être calme, facile à vivre et affectueux à la maison. Ce chien possède un très bon odorat qu'il aime utiliser lors de longues et énergiques promenades.

RACE CRÉÉE POUR lever le gibier et marquer l'arrêt.

Caractéristiques particulières
Joueur, actif. Possède un nez très fin.

Activité physique
Importante. A besoin de longues et régulières promenades.

Attitude envers
SES MAÎTRES affectueux, docile
LES ENFANTS tolérant, doux, parfois trop vif envers les plus petits
LES ANIMAUX DE COMPAGNIE gentil
LES ÉTRANGERS aimable
SES CONGÉNÈRES aimable

Propriétaire idéal
Une famille sociable, gentille et aimant jouer, qui mène une vie dynamique et apprécie les longues marches, les jeux et toutes sortes d'activités pouvant être pratiquées avec un animal.

Chien d'arrêt allemand à poil court

doux • affectueux • placide • vif • docile • fidèle

TAILLE 53-64 cm • POIDS 27-32 kg • POIL Court, plat et légèrement rêche au toucher • COULEUR Foie, foie moucheté de blanc, noir, noir et blanc • ESPÉRANCE DE VIE 14-16 ans

Le Chien d'arrêt allemand à poil court déborde de vie, d'enthousiasme et de vigueur. Tolérant, réceptif et facile à vivre, il fera un excellent compagnon si son propriétaire lui propose un exercice très régulier.

RACE CRÉÉE POUR lever le gibier et marquer l'arrêt.

Caractéristiques particulières
Obéissant, joueur. Possède un très bon odorat.

Activité physique
Importante. A besoin de nombreuses promenades énergiques.

Attitude envers
SES MAÎTRES affectueux, docile
LES ENFANTS gentil, parfois un peu trop vif envers les plus petits
LES ANIMAUX DE COMPAGNIE gentil, susceptible de les pourchasser
LES ÉTRANGERS aimable
SES CONGÉNÈRES aimable

Propriétaire idéal
Une famille active, sociable et affectueuse qui aime les longues marches et jouer avec son animal.

Problèmes potentiels
Peut se révéler turbulent, développer un comportement destructeur ou s'enfuir s'il ne se dépense pas suffisamment.

Chien d'arrêt allemand à poil dur

doux • affectueux • placide • vif • docile • fidèle

TAILLE 56-67 cm • POIDS 20,5-34 kg • POIL Épais et dur avec un sous-poil fourni • COULEUR Foie et blanc, foie, noir et blanc • ESPÉRANCE DE VIE 10-12 ans

Un peu plus têtu que son cousin à poil court, le Chien d'arrêt allemand à poil dur est énergique, affectueux et facile à vivre. Avec son incroyable énergie, il trouvera facilement sa place au sein d'un foyer qui aime le sport et les longues promenades.

RACE CRÉÉE POUR lever le gibier et marquer l'arrêt.

Caractéristiques particulières
Obéissant, joueur. Possède un flair très développé.

Activité physique
Importante. A besoin de nombreuses promenades énergiques.

Attitude envers
SES MAÎTRES affectueux, docile
LES ENFANTS gentil, parfois un peu trop vif envers les plus petits
LES ANIMAUX DE COMPAGNIE gentil, susceptible de les pourchasser
LES ÉTRANGERS aimable
SES CONGÉNÈRES aimable

Propriétaire idéal
Une famille active, sociable et affectueuse qui aime les longues marches et jouer avec son animal.

Problèmes potentiels
Peut se révéler turbulent, développer un comportement destructeur ou s'enfuir s'il ne se dépense pas suffisamment.

Retriever de la baie de Chesapeake

indépendant • affectueux • courageux • volontaire • vif • réceptif

TAILLE 53-66 cm • POIDS 32-36 kg • POIL Huileux, rêche et relativement court avec un sous-poil épais
• COULEUR Herbe morte (de paille à fougère), laîche (roux doré), nuances de brun
• ESPÉRANCE DE VIE 12-13 ans

Le Chesapeake défendra son maître au péril de sa vie si celui-ci sait s'occuper de son animal tout en gardant sa place de dominant. Ce chien fort et très actif porte une robe qui le protège du froid lorsqu'il se baigne, une de ses activités favorites.

RACE CRÉÉE POUR aux États-Unis pour rapporter le gibier d'eau.

Caractéristiques particulières
Joueur, actif, bon nageur.

Activité physique
Importante. Son énergie doit être canalisée.

Attitude envers
SES MAÎTRES fidèle, affectueux
LES ENFANTS aimable s'il a grandi à leurs côtés, parfois intolérant
LES ANIMAUX DE COMPAGNIE gentil
LES ÉTRANGERS plutôt aimable s'il a bien été sociabilisé, comportement de chien de garde
SES CONGÉNÈRES plutôt aimable, parfois jaloux

Propriétaire idéal
Une personne autoritaire, expérimentée et dynamique qui apprécie les longues marches énergiques et souhaite dresser son chien à rapporter tout en jouant avec lui.

Problèmes potentiels
Fait parfois preuve d'hostilité envers son maître si les places de dominé et de dominant ne sont pas bien définies au sein du foyer. Agressif envers les étrangers s'il n'a pas été correctement sociabilisé.

Retriever à poil bouclé

intrépide • gentil • résolu • indépendant • distant • enthousiaste • curieux

TAILLE 64-69 cm • POIDS 32-36 kg • POIL Épais et composé de petites boucles serrées et sèches sur le corps, court sur la tête. Mue abondante • COULEUR Noir ou foie • ESPÉRANCE DE VIE 12-13 ans

Indépendant et pourtant affectueux et joueur, ce retriever très fidèle à son maître n'apprécie pas beaucoup les étrangers. Grâce à sa robe bouclée caractéristique, il ne craint ni la pluie ni le froid et ne rechigne donc jamais à partir en promenade quel que soit le temps.

RACE CRÉÉE POUR rapporter le gibier d'eau.

Attitude envers

SES MAÎTRES affectueux, friand de caresses

LES ENFANTS gentil, parfois trop vif envers les plus petits

LES ANIMAUX DE COMPAGNIE gentil

LES ÉTRANGERS réservé

SES CONGÉNÈRES aimable

Propriétaire idéal

Une personne dynamique et sûre d'elle qui recherche un animal avec qui jouer et partager de longues et énergiques promenades.

Problèmes potentiels

Agressif envers les étrangers s'il n'a pas été correctement sociabilisé.

Caractéristiques particulières

Joueur, actif, bon nageur.

Activité physique

Importante. A besoin de se dépenser très régulièrement lors de longues marches.

Retriever à poil plat

joyeux • gentil • optimiste • affectueux • actif

TAILLE 56-61 cm • POIDS 25-36 kg • POIL Dense, fin et plat. Longues franges sur les pattes et la queue • COULEUR Noir ou foie uniquement • ESPÉRANCE DE VIE 11-13 ans

Les plus grandes qualités du Retriever à poil plat sont sans doute la gentillesse, la joie de vivre et le goût pour le jeu. Sociable, affectueux et obéissant, il s'intéresse à tout. Ce sera le compagnon idéal d'une famille active.

RACE CRÉÉE POUR rapporter le gibier sur terre comme dans l'eau.

Caractéristiques particulières
Actif, joueur, bon nageur.

Activité physique
Importante. Infatigable à l'extérieur, plus calme à la maison.

Attitude envers
SES MAÎTRES affectueux, docile
LES ENFANTS gentil
LES ANIMAUX DE COMPAGNIE gentil
LES ÉTRANGERS aimable
SES CONGÉNÈRES aimable

Propriétaire idéal
Une famille dynamique, affectueuse et sociable qui aime les marches énergiques et jouer avec son chien.

✔ Recommandé aux propriétaires novices mais actifs. Choisissez un animal issu d'une lignée sans problème de santé.

⚠ Les franges formées par le pelage peuvent transporter boue et poussière dans votre intérieur.

Golden Retriever

docile • accommodant • gentil • affectueux • résolu • réceptif • sensible

TAILLE 51-61 cm • POIDS 27-36 kg • POIL Plat ou ondulé, avec de longues franges • COULEUR Toutes les nuances d'or et de crème • ESPÉRANCE DE VIE 12-13 ans

Ami des enfants, le Golden Retriever est facile à vivre, gentil et joueur. Il apprécie le contact avec les humains et aime accueillir les visiteurs à la porte. Habitué à rapporter le gibier dans les champs, à la maison, il se contentera très bien d'une chaussure !

RACE CRÉÉE POUR rapporter le gibier sur terre ou dans l'eau.

Caractéristiques particulières
Joueur, actif, bon nageur.

Activité physique
Importante. Aime les longues promenades et le jeu sous toutes ses formes.

⚠ Les franges formées par le pelage peuvent transporter boue et poussière dans votre intérieur.

Attitude envers
SES MAÎTRES affectueux, docile
LES ENFANTS patient
LES ANIMAUX DE COMPAGNIE gentil
LES ÉTRANGERS aimable
SES CONGÉNÈRES aimable

Propriétaire idéal
Une famille dynamique, affectueuse et sociable qui aime les marches énergiques et jouer avec son chien.

Problèmes potentiels
Certaines lignées dotées d'un instinct de gardien assez développé peuvent faire montre d'hostilité envers les étrangers.

Labradors

Cette race affectueuse et facile à vivre est connue et appréciée sur tous les continents. Qu'on en fasse des chiens d'aide aux personnes handicapées ou simplement des animaux de compagnie, ces chiens polyvalents et joueurs font toujours preuve d'autant de joie de vivre et d'enthousiasme.

Jaune/Noir/Chocolat

gentil • réceptif • vif • docile • enthousiaste • affable

TAILLE 55-57 cm • POIDS 25-34 kg • POIL Court, dense sans ondulations ni franges • COULEUR Jaune, noir, chocolat • ESPÉRANCE DE VIE 12-13 ans

RACE CRÉÉE POUR aider les pêcheurs à tirer les filets, puis utilisée pour lever et rapporter le gibier.

Caractéristiques particulières
Actif, joueur, bon nageur.

Activité physique
Très importante. A besoin de se dépenser et de jouer très souvent.

Attitude envers
SES MAÎTRES affectueux, docile
LES ENFANTS patient
LES ANIMAUX DE COMPAGNIE gentil
LES ÉTRANGERS aimable
SES CONGÉNÈRES aimable

Propriétaire idéal
Une famille active, affectueuse, sociable et extravertie qui recherche un animal avec qui partager de longues promenades et de nombreuses séances de jeu et de dressage.

Problèmes potentiels
Jeune, le Labrador a tendance à mâchonner et abîmer tout ce qu'il trouve. S'il manque d'exercice, il peut se montrer turbulent, développer un comportement destructeur, voire s'enfuir.

✔ Recommandé aux propriétaires novices mais actifs. Le tempérament aimable du Labrador en fait le compagnon idéal des familles avec enfants.

Les Labradors jaunes et noirs

Le Labrador jaune (ci-contre) a, en règle générale, un caractère un peu plus doux et se montre plus facile à vivre que le Labrador noir (à droite). Ces deux variétés peuvent être utilisées comme chien de travail ou de concours. Si vous désirez acquérir un animal d'exposition, choisissez-le plutôt au sein d'une lignée réservée à cet usage, à moins que vous ne soyez disposé à faire énormément d'exercice aux côtés d'un chien issu d'une lignée destinée au travail.

Les Labradors chocolat

Cette variété a une grande résistance à la douleur et, par conséquent, a tendance à se blesser très facilement. Plus extraverti et enthousiaste que ses cousins jaunes et noirs, le Labrador chocolat se précipite souvent sans réfléchir au-devant de ses maîtres, des étrangers ou d'autres chiens. Certaines personnes et certains animaux sont susceptibles de ne pas accepter une telle effronterie, ce qui peut poser quelques problèmes.

Retriever de la Nouvelle-Écosse

gentil • résolu • réceptif • sensible • facile à dresser • joueur • actif

TAILLE 45-51 cm • POIDS 17-23 kg • POIL Deux épaisseurs de poils raides plus ou moins longs • COULEUR Toutes les nuances de rouge et d'orange avec des franges et une culotte plus claires • ESPÉRANCE DE VIE 12-13 ans

Le Retriever de la Nouvelle-Écosse était à l'origine utilisé par les chasseurs pour rabattre les canards en sautant dans l'eau peu profonde et les rapporter une fois abattus. Énergique et joueur, il a besoin de beaucoup d'exercice pour se maintenir en forme.

RACE CRÉÉE POUR jouer les leurres et rapporter le gibier d'eau.

Caractéristiques particulières
Dynamique, joueur, curieux.

Activité physique
Très importante. Aime le jeu et se dépenser.

⚠ Les franges formées par le pelage peuvent transporter boue et poussière dans votre intérieur.

Attitude envers
SES MAÎTRES affectueux, docile
LES ENFANTS gentil
LES ANIMAUX DE COMPAGNIE gentil
LES ÉTRANGERS réservé
SES CONGÉNÈRES aimable

Propriétaire idéal
Une famille active et affectueuse qui apprécie les marches énergiques et pourra accorder suffisamment de temps au jeu et au dressage.

Setter anglais

gracieux • capable • extraverti • gentil • très actif • affectueux • facile à vivre

TAILLE 61-69 cm • POIDS 25-30 kg • POIL Légèrement ondulé sans être bouclé, long et soyeux • COULEUR Noir et blanc (Blue Belton), orange et blanc (Orange Belton), citron et blanc (Lemon Belton), foie et blanc (Liver Belton) ou tricolore • ESPÉRANCE DE VIE 12-13 ans

Chien gracieux à l'allure élégante, le Setter anglais adore courir en liberté pour dépenser son surplus d'énergie. S'il se montre affectueux et facile à vivre avec ses maîtres, il n'en est pas moins indépendant et refuse parfois d'obéir ou d'être dressé.

RACE CRÉÉE POUR lever et rapporter le gibier à plumes.

Caractéristiques particulières
Très actif, extraverti.

Activité physique
Importante. De longues marches quotidiennes s'imposent.

⚠ Les franges formées par le pelage peuvent transporter boue et poussière dans votre intérieur.

Attitude envers
SES MAÎTRES affectueux, facile à vivre
LES ENFANTS gentil, susceptible de renverser les plus jeunes
LES ANIMAUX DE COMPAGNIE gentil
LES ÉTRANGERS aimable
SES CONGÉNÈRES aimable

Propriétaire idéal
Une famille patiente, affectueuse et facile à vivre ayant accès à de grands espaces verts où ce chien pourra s'ébattre en toute liberté.

Setter Gordon

accommodant • affectueux • dévoué • fidèle • têtu

TAILLE 62-66 cm • POIDS 25,5-29,5 kg • POIL De longueur moyenne ; plat avec de longues franges sur les pattes et le ventre • COULEUR Noir avec des taches acajou • ESPÉRANCE DE VIE 12-14 ans

Vif et extraverti, le Setter Gordon est un animal affectueux et facile à vivre qui aime courir lors de longues promenades énergiques. Son tempérament affectueux et dévoué compense largement son manque d'obéissance.

RACE CRÉÉE POUR lever le gibier à plumes.

Caractéristiques particulières
Extraverti, très actif.

Activité physique
Très importante. La course est essentielle à son bien-être.

⚠ Les franges formées par le pelage peuvent transporter boue et poussière dans votre intérieur.

Attitude envers
SES MAÎTRES affectueux, facile à vivre
LES ENFANTS gentil, susceptible de renverser les plus jeunes
LES ANIMAUX DE COMPAGNIE gentil, susceptible de les pourchasser
LES ÉTRANGERS aimable
SES CONGÉNÈRES aimable

Propriétaire idéal
Une famille à la fois patiente, affectueuse, facile à vivre et autoritaire, ayant accès à de grands espaces verts où ce chien aura tout loisir de courir.

Problèmes potentiels
Fait parfois preuve d'hostilité envers son maître si les places de dominé et de dominant ne sont pas bien définies au sein du foyer. S'il manque d'exercice, cet animal a tendance à fuguer.

Setter irlandais

extraverti • extrêmement actif • affectueux • excitable

TAILLE 64-69 cm • POIDS 27-32 kg • POIL Fin, plat et de longueur moyenne avec de longues franges sur les pattes, le ventre et la queue • COULEUR Châtaigne • ESPÉRANCE DE VIE 12-13 ans

Le Setter irlandais est un excellent coureur, extraverti et énergique. Grâce à sa nature aimable et facile à vivre, il se fera rapidement une place au sein d'une famille active. Indépendant mais affectueux, ce chien n'a pas l'habitude d'obéir facilement aux ordres.

RACE CRÉÉE POUR lever et rapporter le gibier.

Attitude envers

SES MAÎTRES affectueux, facile à vivre
LES ENFANTS gentil, susceptible de renverser les plus jeunes
LES ANIMAUX DE COMPAGNIE gentil, susceptible de les pourchasser
LES ÉTRANGERS aimable
SES CONGÉNÈRES aimable

Propriétaire idéal

Une famille patiente, affectueuse et facile à vivre ayant accès à de grands espaces verts où ce chien pourra s'ébattre en toute liberté.

Problèmes potentiels

Le manque d'exercice déclenche hyperactivité et tempérament fugueur.

Caractéristiques particulières

Très actif, énergique, extraverti.

Activité physique

Importante. A besoin de se dépenser énormément.

⚠ Les franges formées par le pelage peuvent transporter boue et poussière dans votre intérieur.

Setter irlandais rouge et blanc

docile • sensible • facile à vivre • affectueux

TAILLE 58-69 cm • POIDS 27-32 kg • POIL Fin, de longueur moyenne avec des franges fournies • COULEUR Particolore, fond blanc perle avec des taches rouges • ESPÉRANCE DE VIE 12-13 ans

En raison de sa sensibilité, le Setter irlandais rouge et blanc entretient des rapports un peu timides avec les étrangers, mais se montre très affectueux et facile à vivre au sein de son foyer. Connu pour être un peu désobéissant, ce chien, naturellement extraverti et énergique, apprécie les longues promenades et la course en liberté.

RACE CRÉÉE POUR lever et rapporter le gibier.

Caractéristiques particulières

Très actif, extraverti.

Activité physique

Importante. Doit courir très régulièrement pour dépenser son surplus d'énergie.

⚠ Les franges formées par le pelage peuvent transporter boue et poussière dans votre intérieur.

Attitude envers

SES MAÎTRES affectueux, facile à vivre
LES ENFANTS gentil, susceptible de renverser les plus jeunes
LES ANIMAUX DE COMPAGNIE gentil, susceptible de les pourchasser
LES ÉTRANGERS aimable
SES CONGÉNÈRES aimable

Propriétaire idéal

Une famille à la fois patiente, affectueuse, facile à vivre et autoritaire, ayant accès à de grands espaces verts où ce chien aura tout loisir de courir.

Problèmes potentiels

Le manque d'exercice entraîne hyperactivité et tempérament fugueur. Timide avec les étrangers s'il n'a pas été correctement sociabilisé.

Cocker américain

joyeux • vif • affable • doux • parfois têtu

TAILLE 34-39 cm • POIDS 11-13 kg • POIL Soyeux et de longueur moyenne. Les oreilles, le poitrail, l'abdomen et les pattes sont couverts de franges • COULEUR Noir, chamois, rouge, chocolat ; couleurs parfois mêlées à du blanc • ESPÉRANCE DE VIE 12-14 ans

Cette race s'adresse aux personnes que le brossage ne rebute pas et qui aiment jouer et marcher. Très joyeux, le Cocker américain n'écoute parfois que d'une oreille les ordres qu'on lui donne, mais son caractère gai et joueur fait vite oublier ce petit défaut.

RACE CRÉÉE POUR rapporter le petit gibier.

Caractéristiques particulières
Très actif, joueur.

Activité physique
Importante. Apprécie les promenades autant que le jeu.

Attitude envers
SES MAÎTRES affectueux, fidèle
LES ENFANTS gentil s'il a grandi à leurs côtés
LES ANIMAUX DE COMPAGNIE gentil
LES ÉTRANGERS aimable
SES CONGÉNÈRES aimable

Propriétaire idéal
Une famille active et affectueuse qui dispose d'assez de temps et d'énergie pour promener, dresser et jouer avec ce chien dont la robe nécessite un entretien quotidien.

Problèmes potentiels
Fait parfois preuve d'hostilité envers son maître si les places de dominé et de dominant ne sont pas bien définies au sein du foyer. Très protecteur de son territoire et de sa gamelle.

Cette race a été améliorée dans le but d'obtenir un crâne plus allongé et plus bombé que celui du Cocker anglais.

⚠ La robe peut transporter boue et poussière dans votre intérieur. Un brossage quotidien est nécessaire.

Chien d'eau américain

actif • vif • réceptif • extraverti • enthousiaste • sensible

TAILLE 36-46 cm • POIDS 11-20 kg • POIL dense et bouclé • COULEUR Foie, brun, chocolat foncé • ESPÉRANCE DE VIE 12-14 ans

Peu répandu, le Chien d'eau américain est pourtant un compagnon actif et affectueux qui a grand besoin de se dépenser. Il est très important de le confronter dès son plus jeune âge à des enfants et à d'autres chiens.

RACE CRÉÉE POUR lever et rapporter le gibier d'eau.

Caractéristiques particulières
Actif, joueur, bon nageur.

Activité physique
Importante.

Attitude envers
SES MAÎTRES affectueux, fidèle
LES ENFANTS gentil s'il a bien été sociabilisé
LES ANIMAUX DE COMPAGNIE gentil
LES ÉTRANGERS aimable s'il a bien été sociabilisé
SES CONGÉNÈRES parfois agressif

Propriétaire idéal
Une famille active et expérimentée qui aime les promenades énergiques, les jeux et qui dispose d'assez de temps pour dresser et habituer son animal à ses congénères.

Problèmes potentiels
S'il ne se dépense pas assez, ce chien peut développer un comportement destructeur et agité plutôt problématique. A tendance à sauter et protéger très jalousement ses jouets et sa gamelle.

Cocker anglais

joyeux • affectueux • énergique • extraverti • entêté

TAILLE 38-41 cm • POIDS 13-14,5 kg • POIL Plat, soyeux et de longueur moyenne avec d'épaisses franges sur les pattes et le corps • COULEUR Noir, foie ou roux ; blanc avec des taches noires, bleues, foie ou rousses ; rouan ou tacheté • ESPÉRANCE DE VIE 12-14 ans • AUTRE NOM Cocker spaniel

Beaucoup de propriétaires de Cocker anglais se sont laissés séduire par un adorable chiot et n'ont réalisé que trop tard que cette race s'avère en grandissant particulièrement entêtée. Joyeux, extraverti et débordant d'énergie, ce chien a besoin d'énormément d'exercice au côté d'un maître actif et autoritaire.

RACE CRÉÉE POUR lever et rapporter le petit gibier.

Caractéristiques particulières

Énergique, joueur, indépendant en promenade. Possède un très bon flair.

Activité physique

Importante. Les marches énergiques et le jeu sont indispensables à son bien-être.

⚠ La longue robe peut transporter boue et poussière dans votre intérieur. Le pelage et les franges des oreilles nécessitent des soins quotidiens.

Attitude envers

SES MAÎTRES affectueux, fidèle
LES ENFANTS tolérant s'il a bien été sociabilisé
LES ANIMAUX DE COMPAGNIE gentil s'ils ont grandi ensemble
LES ÉTRANGERS réservé mais aimable
SES CONGÉNÈRES aimable

Propriétaire idéal

Une personne active, sociable et autoritaire qui aime les promenades énergiques, les jeux et le dressage.

Problèmes potentiels

Fait parfois preuve d'hostilité si les places de dominé et de dominant ne sont pas bien définies au sein du foyer. On trouve surtout ce comportement chez les chiens à la robe unie. Son tempérament jaloux le pousse parfois à attaquer.

Clumber spaniel

stoïque • réceptif • déterminé • fiable • gentil • distant • doux • têtu

TAILLE 48-51 cm • POIDS 29-36 kg • POIL Abondant, lisse et soyeux avec d'épaisses franges sur le poitrail et les pattes • COULEUR Fond blanc avec des taches jaunes ou orange • ESPÉRANCE DE VIE 12-13 ans

Calme et constant, le Clumber spaniel possède une endurance peu commune et travaille toujours en silence. Fort affectueux et proche de son maître, il se montre toujours aimable envers ses invités.

RACE CRÉÉE POUR pister et rapporter le gibier.

Caractéristiques particulières
Dynamique. Possède un très bon odorat.

Activité physique
Modérée. Son endurance lui permet de marcher pendant des heures.

Attitude envers
SES MAÎTRES affectueux, fidèle
LES ENFANTS gentil
LES ANIMAUX DE COMPAGNIE gentil
LES ÉTRANGERS aimable
SES CONGÉNÈRES aimable

Propriétaire idéal
Une personne stable, tolérante et sociable qui apprécie les longues promenades tranquilles.

Problèmes potentiels
S'il ne se dépense pas assez, le Clumber spaniel peut développer un tempérament destructeur.

Les paupières inférieures tombantes caractéristiques de cette race nécessitent beaucoup de soin pour éviter blessures et infections.

Field spaniel

docile • affectueux • enthousiaste • actif • sensible • placide

TAILLE 43-46 cm • POIDS 18-25 kg • POIL Long, plat, brillant et soyeux au toucher. Culotte et franges du poitrail et du ventre très fournies • COULEUR Long, plat, brillant et soyeux au toucher. Culotte et franges du poitrail et du ventre très fournies • ESPÉRANCE DE VIE 12-13 ans

✔ Recommandé aux propriétaires novices, mais énergiques. Prenez garde de choisir un animal ne présentant aucun problème de santé.

⚠ La robe soyeuse et plus particulièrement les oreilles doivent être brossées quotidiennement.

Affectueux, joyeux et dévoué, le Field spaniel est un compagnon divertissant, aimable et enthousiaste qui se dresse facilement et convient parfaitement aux familles aimant le sport et les jeux.

RACE CRÉÉE POUR rapporter le gibier.

Caractéristiques particulières
Actif, joueur, enthousiaste.

Activité physique
Importante. Aime les promenades et le jeu.

Attitude envers
SES MAÎTRES affectueux, docile
LES ENFANTS gentil
LES ANIMAUX DE COMPAGNIE gentil
LES ÉTRANGERS aimable
SES CONGÉNÈRES aimable

Propriétaire idéal
Une famille active, affectueuse et sociable qui recherche un animal avec qui partager promenades et jeux.

Chien d'eau irlandais

affectueux • doux • distant • fidèle • réceptif • espiègle

TAILLE 51-58 cm • POIDS 20-30 kg • POIL Dense et constitué de bouclettes sèches et serrées • COULEUR Foie foncé tirant sur le violet caractéristique de cette race • ESPÉRANCE DE VIE 13 ans

Joueur et aimable, le Chien d'eau irlandais trouvera sa place au sein d'un foyer dynamique. Il est très important de canaliser l'énergie de ce chien qui s'avère en outre très bon nageur.

RACE CRÉÉE POUR rapporter le gibier d'eau.

Caractéristiques particulières

Très actif, bon nageur. Possède un nez très fin.

Activité physique

Importante. Apprécie les promenades et la baignade.

Attitude envers

SES MAÎTRES affectueux, réceptif
LES ENFANTS gentil
LES ANIMAUX DE COMPAGNIE gentil
LES ÉTRANGERS aimable
SES CONGÉNÈRES aimable

Propriétaire idéal

Une famille active, affectueuse et sociable qui aime les marches énergiques et jouer avec son chien.

Sussex spaniel

gentil • méthodique • constant • déterminé

TAILLE 38-41 cm • POIDS 18-23 kg • POIL Abondant et plat. Les oreilles sont couvertes de poils doux et ondulés. Les franges des membres antérieurs et postérieurs sont relativement fournies • COULEUR Foie doré avec les extrémités des poils tirant sur l'or • ESPÉRANCE DE VIE 11-12 ans

Le Sussex spaniel est un travailleur calme, constant et endurant. Affectueux et aimable, il se montre chez son maître plus pondéré et plus réservé que la plupart des chiens de chasse.

RACE CRÉÉE POUR pister et lever le gibier.

Caractéristiques particulières

Actif, constant. Possède un flair très développé.

Activité physique

Modérée. Les longues promenades conviennent bien à ce chien endurant.

Attitude envers

SES MAÎTRES affectueux, doux
LES ENFANTS gentil
LES ANIMAUX DE COMPAGNIE gentil
LES ÉTRANGERS aimable s'il a bien été sociabilisé
SES CONGÉNÈRES aimable s'il a bien été sociabilisé

Propriétaire idéal

Une personne calme et patiente avec qui ce chien pourra partager de longues marches tranquilles.

⚠ La robe peut transporter boue et poussière dans votre intérieur. Les longues oreilles nécessitent des soins quotidiens. Les paupières inférieures tombantes sont sujettes à des infections.

Springer anglais

actif • enthousiaste • très vif • aimable • joyeux • docile

TAILLE 46-48 cm • POIDS 16-20 kg • POIL Serré, lisse et de longueur moyenne formant des franges sur les oreilles, les pattes, le ventre et l'arrière-train • COULEUR Foie et blanc, noir et blanc ou mélange de ces robes avec des taches feu • ESPÉRANCE DE VIE 12-14 ans

Vigoureux, joyeux et enthousiaste, le Springer anglais est renommé pour son tempérament énergique et aimable. Une famille dynamique et pleine d'entrain appréciera à sa juste valeur cet animal qui ne supporte pas l'inactivité.

RACE CRÉÉE POUR lever et rapporter le gibier.

Caractéristiques particulières
Énergique, enjoué, affectueux.

Activité physique
Très importante. Apprécie les longues promenades.

Attitude envers
SES MAÎTRES affectueux, vif
LES ENFANTS gentil
LES ANIMAUX DE COMPAGNIE gentil
LES ÉTRANGERS aimable
SES CONGÉNÈRES aimable

Propriétaire idéal
Une famille dynamique, affectueuse et sociable qui dispose d'assez de temps pour promener, jouer et dresser son animal.

⚠ La robe qui nécessite des soins quotidiens peut transporter boue et poussière dans votre intérieur. Il faut porter aux longues oreilles une attention toute particulière.

Springer gallois

fort • athlétique • enjoué • très actif • gentil • réceptif • déterminé

TAILLE 46-48 cm • POIDS 16-20 kg • POIL Lisse ou plat, soyeux et de longueur moyenne. Les pattes sont modérément frangées au-dessus du jarret tandis que les oreilles et la queue ne le sont que peu • COULEUR Roux et blanc uniquement • ESPÉRANCE DE VIE 12-14 ans

Un poil plus entêté que son cousin anglais, le Springer gallois partage avec lui son énergie et sa joie de vivre. Ce chien gai et actif aime jouer et se dépenser en promenade afin d'être calme une fois rentré à la maison.

RACE CRÉÉE POUR lever et rapporter le gibier.

Caractéristiques particulières
Actif, joueur, curieux.

Activité physique
Très importante. Les longues promenades et les jeux sont indispensables à son bien-être.

⚠ Les franges formées par le pelage peuvent transporter boue et poussière dans votre intérieur.

Attitude envers

SES MAÎTRES affectueux
LES ENFANTS aimable
LES ANIMAUX DE COMPAGNIE gentil
LES ÉTRANGERS aimable
SES CONGÉNÈRES aimable s'il a bien été sociabilisé

Propriétaire idéal
Une personne active, expérimentée et autoritaire qui apprécie les longues marches énergiques, ainsi que les séances de jeu et de dressage.

Problèmes potentiels
Fait parfois preuve d'hostilité envers son maître si les places de dominé et de dominant ne sont pas bien définies au sein du foyer. Très possessif et souvent agressif envers ses congénères.

Lévrier afghan

fier • distant • enthousiaste • gracieux • élégant • sensible

TAILLE 63-74 cm • POIDS 23-27 kg • POIL Très long et fin • COULEUR Toutes • ESPÉRANCE DE VIE 12-14 ans

Si elle est bien entretenue, la robe du Lévrier afghan a beaucoup d'allure, mais les soins nécessaires à un tel résultat prennent énormément de temps. Ce chien indépendant et élégant a besoin d'espace pour pouvoir courir en toute sécurité.

RACE CRÉÉE POUR poursuivre le gros gibier comme le léopard et le cerf.

Caractéristiques particulières
Rapide, indépendant.

Activité physique
Importante. Nonchalant à la maison, actif en promenade.

Attitude envers
SES MAÎTRES affectueux, indépendant
LES ENFANTS tolérant, distant
LES ANIMAUX DE COMPAGNIE parfois agressif envers les petits animaux
LES ÉTRANGERS indifférent, distant
SES CONGÉNÈRES joueur

Propriétaire idéal
Une personne patiente, prête à consacrer beaucoup de temps à l'entretien de la fourrure et qui a accès à de grands espaces verts où ce chien pourra courir plusieurs fois par jour. Idéal pour ceux qui recherchent un animal indépendant et ne souhaitent pas entretenir une relation très proche avec leur compagnon.

Problèmes potentiels
Susceptible de se sauver et de poursuivre d'autres animaux lorsqu'il n'est pas en laisse.

⚠ L'entretien de la fourrure qui doit être quotidien nécessite un démêlage particulièrement long.

Basenji

silencieux • indépendant • affectueux • distant • vif • docile

TAILLE 40-43 cm • POIDS 9,5-11 kg • POIL Court, lisse et très fin. Facile à entretenir • COULEUR Roux et blanc, feu et blanc, noir et blanc, tavelé. Pattes, étoile et collier blancs facultatifs • ESPÉRANCE DE VIE 12 ans

Utilisé au Congo comme chien de chasse, le Basenji n'aboie pas mais émet un petit gloussement lorsqu'il est excité. Le caractère indépendant et distant de ce chien propre et soigné n'est pas sans rappeler celui du chat.

RACE CRÉÉE POUR aider les chasseurs.

Caractéristiques particulières
Propre, curieux. N'aboie pas.

Activité physique
Modérée. Aime les promenades énergiques.

Attitude envers
SES MAÎTRES indépendant, vif
LES ENFANTS gentil
LES ANIMAUX DE COMPAGNIE parfois agressif envers les petits animaux
LES ÉTRANGERS réservé, puis aimable
SES CONGÉNÈRES joueur

Propriétaire idéal
Une personne facile à vivre qui recherche un animal au tempérament doux et un peu félin avec qui partager des promenades énergiques.

Problèmes potentiels
Parfois difficile à contrôler en promenade.

Basset fauve de Bretagne

courageux • robuste • vif • affectueux • aimable • tenace

TAILLE 32-38 cm • POIDS 16-18 kg • POIL Très rude, dense et plat • COULEUR Fauve, froment doré à roux • ESPÉRANCE DE VIE 12-14 ans

Pour être en bonne santé, ce chien facile à vivre et enjoué a besoin d'énormément d'exercice, surtout de longues marches actives. Affectueux et gentil, le Basset fauve de Bretagne possède cependant un caractère indépendant et aime agir comme il l'entend.

RACE CRÉÉE POUR chasser le lapin et le lièvre en meute avec des chasseurs à pied.

Caractéristiques particulières
Actif, curieux, très aimable.

Activité physique
Modérée. Il faut le promener longtemps et régulièrement.

Attitude envers
SES MAÎTRES affectueux, indépendant
LES ENFANTS gentil
LES ANIMAUX DE COMPAGNIE plutôt gentil, susceptible de les poursuivre
LES ÉTRANGERS aimable
SES CONGÉNÈRES joueur

Propriétaire idéal
Une personne facile à vivre, aimable et affectueuse qui recherche un petit chien joyeux et indépendant avec qui partager de longues et énergiques marches.

Problèmes potentiels
Parfois difficile à contrôler en promenade.

Basset hound

placide • affectueux • têtu • doux

TAILLE 33-38 cm • POIDS 18-27 kg • POIL Lisse et court • COULEUR Souvent noir, blanc et feu (tricolore) ; citron et blanc (bicolore) • ESPÉRANCE DE VIE 12 ans

Placide, calme, affectueux et aimable envers tous, le Basset hound fait parfois preuve d'un caractère entêté et indépendant lorsqu'on lui donne un ordre. L'odorat très développé de ce chien complique souvent les sorties en plein air.

RACE CRÉÉE POUR chasser le lapin et le lièvre.

Caractéristiques particulières
Indépendant. Possède un nez très fin.

Activité physique
Modérée. A besoin d'un exercice régulier.

Attitude envers
SES MAÎTRES affectueux, indépendant
LES ENFANTS gentil
LES ANIMAUX DE COMPAGNIE gentil
LES ÉTRANGERS aimable
SES CONGÉNÈRES aimable

Propriétaire idéal
Une personne patiente et facile à vivre qui saura apprécier le tempérament indépendant de ce chien fier et néanmoins affectueux.

Les éleveurs ont accentué la longueur des oreilles de cette race. Il est donc nécessaire de leur porter une attention toute particulière pour éviter les salissures et soigner les éventuelles blessures.

⚠ Les paupières inférieures tombantes sont sujettes à des infections. Les oreilles et le corps assez bas peuvent transporter boue et poussière dans votre intérieur. Les babines tombantes occasionnent une salivation excessive.

Beagle

hardi • affectueux • très actif • déterminé • vif • curieux • aimable

TAILLE 33-40 cm • POIDS 8-14 kg • POIL Court et dense • COULEUR Toutes les robes acceptées chez les chiens de chasse sauf le foie. Bout de la queue blanc • ESPÉRANCE DE VIE 13 ans

Le Beagle est un petit chien joyeux, aimable, plein de vie et tolérant. En promenade, il se montre parfois indépendant et peut refuser d'obéir à son maître s'il a décidé de suivre la trace d'un animal.

RACE CRÉÉE POUR chasser le lièvre et le lapin en meute avec des chasseurs à pied.

Caractéristiques particulières
Actif, indépendant. Possède un très bon flair.

Activité physique
Importante. A besoin d'être sorti très régulièrement pour se montrer calme à la maison.

Attitude envers
SES MAÎTRES indépendant, affectueux
LES ENFANTS gentil
LES ANIMAUX DE COMPAGNIE gentil, susceptible de les pourchasser
LES ÉTRANGERS aimable
SES CONGÉNÈRES aimable

Propriétaire idéal
Une personne facile à vivre et affectueuse qui apprécie les promenades énergiques.

Problèmes potentiels
Parfois difficile à contrôler en promenade. Aboie lorsqu'il s'ennuie.

Chien de Saint-Hubert

affectueux • aimable • réservé • sensible • affable • têtu

TAILLE 58-69 cm • POIDS 36-50 kg • POIL Lisse et court • COULEUR Noir et feu, foie et feu (rouge et feu), feu • ESPÉRANCE DE VIE 10 ans

Ce gentil géant est un limier au flair extraordinaire qui aime les longues marches en laisse ou en liberté dans des espaces dépourvus de danger.

RACE CRÉÉE POUR pister le gibier grâce à son flair.

Caractéristiques particulières
Possède un très bon odorat.

Activité physique
Faible. Apprécie cependant les longues marches.

Attitude envers
SES MAÎTRES indépendant, affectueux
LES ENFANTS gentil, susceptible de renverser les plus jeunes
LES ANIMAUX DE COMPAGNIE gentil
LES ÉTRANGERS aimable
SES CONGÉNÈRES aimable

Propriétaire idéal
Une personne facile à vivre qui dispose d'assez d'espace pour accueillir ce grand chien à la longue queue et qui se sent prête à promener en laisse un animal qui renifle tout ce qu'il rencontre.

Problèmes potentiels
Parfois difficile à contrôler en promenade.

⚠ Les babines tombantes occasionnent une salivation excessive.

Coonhound noir et feu

très actif • vif • tendre • doux • vigilant • curieux • affectueux

TAILLE 58-69 cm • POIDS 23-34 kg • POIL Lisse, court et brillant • COULEUR Noir et feu • ESPÉRANCE DE VIE 11-12 ans • AUTRE NOM Chien courant noir et feu

Doux et affectueux, le Coonhound noir et feu se montre très facile à vivre à la maison. Dans la nature, il aime être indépendant et suivre des pistes odorantes lors de longues promenades en laisse ou en liberté dans un espace dépourvu de tout danger.

RACE CRÉÉE POUR acculer ratons laveurs et opossums dans un arbre avant l'arrivée du chasseur.

Caractéristiques particulières
Bon chasseur. Possède un flair très développé.

Les longues oreilles doivent être examinées quotidiennement.

Activité physique
Importante. A besoin de longues marches pour être calme à la maison.

Attitude envers
SES MAÎTRES indépendant, affectueux
LES ENFANTS gentil
LES ANIMAUX DE COMPAGNIE parfois agressif envers les petits animaux
LES ÉTRANGERS tolérant
SES CONGÉNÈRES aimable

Propriétaire idéal
Une personne facile à vivre qui recherche un grand chien indépendant avec qui partager de longues marches.

Problèmes potentiels
Parfois difficile à contrôler en promenade.

Barzoï

sensible • vif • distant • doux • docile

TAILLE 68-74 cm • POIDS 35-48 kg • POIL Soyeux, plat, ondulé ou légèrement bouclé, long sur le corps • COULEUR Toutes • ESPÉRANCE DE VIE 11-13 ans

Cet animal à l'allure altière et élégante s'avère assez sensible et distant. Indépendant de nature, le Barzoï ignore souvent les ordres donnés par son maître et préfère courir de sa foulée gracieuse et pourchasser animaux et humains, au grand dam de ces derniers, lorsqu'il n'est pas tenu en laisse.

RACE CRÉÉE PAR l'aristocratie russe pour chasser le loup en couple.

Caractéristiques particulières
Élégant. Aime courir.

Le nez busqué et la tête étroite sont caractéristiques de cette race.

Activité physique
Faible. Préfère les courtes promenades.

Attitude envers
SES MAÎTRES affectueux, indépendant
LES ENFANTS plutôt tolérant
LES ANIMAUX DE COMPAGNIE gentil, susceptible de leur donner la chasse
LES ÉTRANGERS indifférent
SES CONGÉNÈRES aimable

Propriétaire idéal
Une personne douce et facile à vivre qui appréciera de se promener en compagnie de cet animal indépendant.

Problèmes potentiels
Préfère courir plutôt que d'obéir à son maître.

Teckels

Cette race douce et gentille apprécie la compagnie des humains et s'avère facile à promener de par sa petite taille. Parfois entêtés et indépendants, les Teckels ne se soucient guère des ordres lorsqu'ils sont occupés à autre chose.

Teckel à poil long

doux • courageux • docile • extraverti • polyvalent • aimable

TAILLE 20-25 cm • POIDS 6,5-11,5 kg • POIL Doux, long et lisse • COULEUR Toutes • ESPÉRANCE DE VIE 14-16 ans

RACE CRÉÉE POUR déterrer blaireaux et renards.

Caractéristiques particulières
Indépendant, curieux. Propension à creuser.

Activité physique
Faible. Apprécie les promenades, mais n'est guère demandeur.

Attitude envers
SES MAÎTRES indépendant, affectueux
LES ENFANTS gentil
LES ANIMAUX DE COMPAGNIE parfois agressif envers les petits animaux
LES ÉTRANGERS aimable
SES CONGÉNÈRES aimable

Propriétaire idéal
Une personne facile à vivre, qui aura le temps de brosser quotidiennement le pelage de ce petit chien au caractère indépendant et bien trempé.

⚠ La longue robe qui nécessite des soins quotidiens peut transporter boue et poussière dans votre intérieur.

Teckel à poil ras

doux • courageux • docile • extraverti • polyvalent • aimable

TAILLE 20-25 cm • POIDS 6,5-11,5 kg • POIL Dense, court et lisse • COULEUR Toutes • ESPÉRANCE DE VIE 14-16 ans

RACE CRÉÉE POUR déterrer blaireaux et renards.

Caractéristiques particulières
Indépendant, curieux. Propension à creuser.

Activité physique
Faible. Apprécie les promenades mais n'est guère demandeur.

Attitude envers
SES MAÎTRES indépendant, affectueux
LES ENFANTS gentil
LES ANIMAUX DE COMPAGNIE parfois agressif envers les petits animaux
LES ÉTRANGERS aimable
SES CONGÉNÈRES aimable

Propriétaire idéal
Une personne facile à vivre qui recherche un petit chien au caractère indépendant et bien trempé.

Teckel à poil dur

doux • courageux • docile • extraverti • polyvalent • aimable

TAILLE 20-25 cm • POIDS 6,5-11,5 kg • POIL Court, raide et rude avec un sous-poil épais • COULEUR Toutes • ESPÉRANCE DE VIE 14-16 ans

RACE CRÉÉE POUR déterrer blaireaux et renards.

Caractéristiques particulières
Indépendant, curieux. Propension à creuser.

Activité physique
Faible. Apprécie les promenades mais n'est guère demandeur.

Attitude envers
SES MAÎTRES indépendant, affectueux
LES ENFANTS gentil
LES ANIMAUX DE COMPAGNIE parfois agressif envers les petits animaux
LES ÉTRANGERS aimable
SES CONGÉNÈRES aimable

Propriétaire idéal
Une personne facile à vivre qui recherche un petit chien au caractère indépendant et bien trempé.

⚠ Les poils qui entourent la gueule doivent être lavés régulièrement pour éviter les odeurs désagréables.

Teckel nain à poil long

doux • courageux • docile • extraverti • polyvalent • aimable

TAILLE 13-16 cm • POIDS 4-5 kg • POIL Doux, long et lisse • COULEUR Toutes • ESPÉRANCE DE VIE 14-16 ans

RACE CRÉÉE POUR déterrer le lapin.

Caractéristiques particulières
Indépendant, curieux. Propension à creuser.

Activité physique
Faible. Apprécie les promenades, mais n'est guère demandeur.

Attitude envers
SES MAÎTRES indépendant, affectueux
LES ENFANTS gentil, mais la prudence est de mise avec les plus jeunes
LES ANIMAUX DE COMPAGNIE parfois agressif envers les petits animaux
LES ÉTRANGERS aimable
SES CONGÉNÈRES aimable, attention cependant aux grands chiens turbulents

Propriétaire idéal
Une personne facile à vivre qui aura le temps de brosser quotidiennement le pelage de ce petit chien au caractère indépendant et bien trempé.

⚠ La longue robe qui nécessite des soins quotidiens peut transporter boue et poussière dans votre intérieur.

Teckel nain à poil ras

doux • courageux • docile • extraverti • polyvalent • aimable

TAILLE 13-16 cm • POIDS 4-5 kg • POIL Dense, court et lisse • COULEUR Toutes • ESPÉRANCE DE VIE 14-16 ans

RACE CRÉÉE POUR déterrer le lapin.

Caractéristiques particulières
Indépendant, curieux. Propension à creuser.

Activité physique
Faible. Apprécie les promenades mais n'est guère demandeur.

Attitude envers
SES MAÎTRES indépendant, affectueux
LES ENFANTS gentil, mais la prudence est de mise avec les plus jeunes
LES ANIMAUX DE COMPAGNIE parfois agressif envers les petits animaux
LES ÉTRANGERS aimable
SES CONGÉNÈRES aimable, attention cependant aux grands chiens turbulents

Propriétaire idéal
Une personne facile à vivre qui recherche un petit chien au caractère indépendant et bien trempé.

Teckel nain à poil dur

doux • courageux • docile • extraverti • polyvalent • aimable

TAILLE 13-16 cm • POIDS 4-5 kg • POIL Court, raide et rude avec un sous-poil épais • COULEUR Toutes • ESPÉRANCE DE VIE 14-16 ans

RACE CRÉÉE POUR déterrer le lapin.

Caractéristiques particulières
Indépendant, curieux. Propension à creuser.

Activité physique
Faible. Apprécie les promenades mais n'est guère demandeur.

Attitude envers
SES MAÎTRES indépendant, affectueux
LES ENFANTS gentil, mais la prudence est de mise avec les plus jeunes
LES ANIMAUX DE COMPAGNIE parfois agressif envers les petits animaux
LES ÉTRANGERS aimable
SES CONGÉNÈRES aimable, attention cependant aux grands chiens turbulents

Propriétaire idéal
Une personne facile à vivre qui recherche un petit chien au caractère indépendant et bien trempé.

⚠ Les poils qui entourent la gueule doivent être lavés régulièrement pour éviter les odeurs désagréables.

Lévrier écossais

doux • calme • affectueux • facile à vivre • aimable • indépendant

TAILLE 71-76 cm • POIDS 36,5-45,5 kg • POIL Dur • COULEUR Gris bleu, nuances de gris moucheté ou de jaune, sable ou fauve tirant sur le roux avec des points noirs • ESPÉRANCE DE VIE 10-11 ans • AUTRE NOM Deerhound

Le Lévrier écossais prend un véritable plaisir à courir et son allure est particulièrement rapide et gracieuse. Indépendant et sourd aux ordres qu'on lui donne lorsqu'il a trouvé quelque chose à poursuivre, ce chien doux et sensible se montre calme et silencieux de retour à la maison.

Attitude envers

SES MAÎTRES indépendant, affectueux
LES ENFANTS gentil, plutôt tolérant
LES ANIMAUX DE COMPAGNIE parfois agressif envers les petits animaux
LES ÉTRANGERS réservé mais aimable
SES CONGÉNÈRES aimable

Propriétaire idéal

Une personne douce qui recherche un animal indépendant, calme et gracieux.

Problèmes potentiels

Parfois difficile à contrôler en promenade.

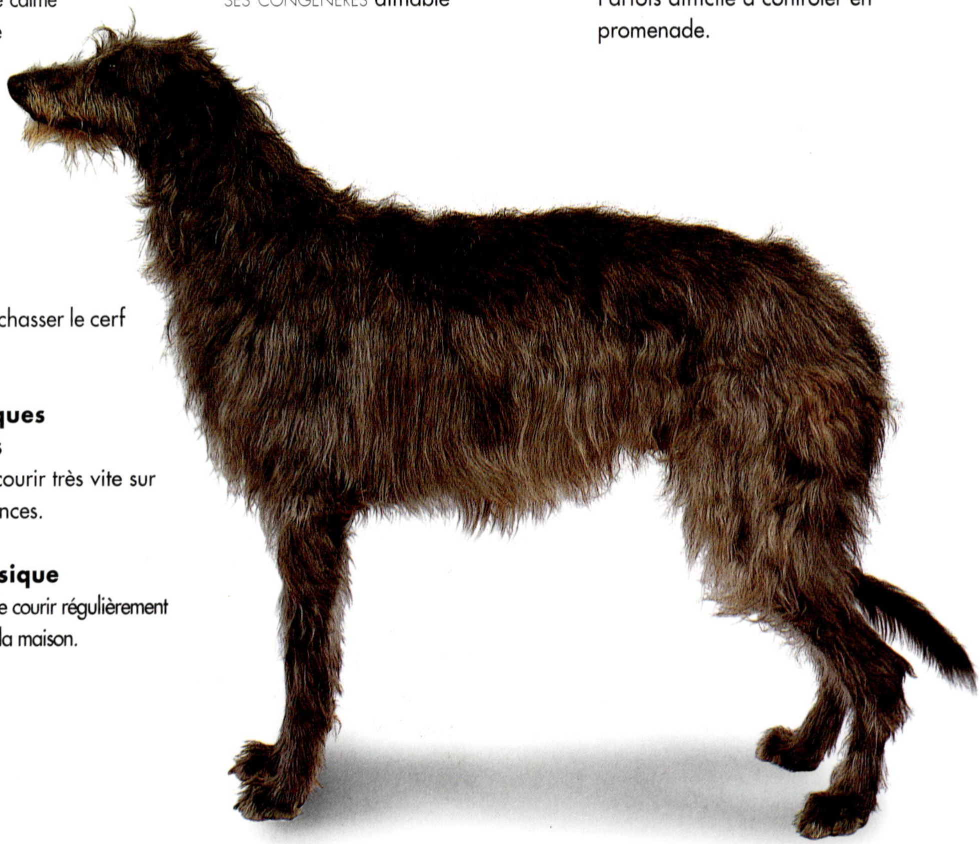

RACE CRÉÉE POUR chasser le cerf on forêt

Caractéristiques particulières

Curieux. Aime courir très vite sur de courtes distances.

Activité physique

Faible. A besoin de courir régulièrement pour être calme à la maison.

Chien d'élan norvégien

actif • aboyeur • hardi • indépendant • extraverti

TAILLE **49-52 cm** • POIDS **20-23 kg** • POIL **Épais, court à moyennement long** • COULEUR **Nuances de gris** • ESPÉRANCE DE VIE **12-13 ans**

Le Chien d'élan norvégien est un aboyeur indépendant et actif qui adore chasser. Il porte une robe qui le protège de toutes les intempéries, mais qui n'est pas du tout adaptée aux maisons chauffées et nécessite donc un entretien quotidien.

RACE CRÉÉE POUR chasser l'élan, le lynx, le loup et le petit gibier.

Caractéristiques particulières

Joueur, actif, curieux.

Activité physique

Importante.

Attitude envers

SES MAÎTRES indépendant, fidèle
LES ENFANTS gentil
LES ANIMAUX DE COMPAGNIE parfois agressif envers les petits animaux
LES ÉTRANGERS réservé, il doit y être habitué très jeune
SES CONGÉNÈRES réservé, il doit y être habitué très jeune

Propriétaire idéal

Une personne active et facile à vivre qui recherche un animal indépendant et extraverti. Le propriétaire d'un Chien d'élan doit avoir des voisins tolérants et être prêt à sortir et à brosser son animal très régulièrement.

Problèmes potentiels

Aboiements intempestifs. Lorsqu'il manque d'exercice, ce chien a tendance à creuser et à s'échapper.

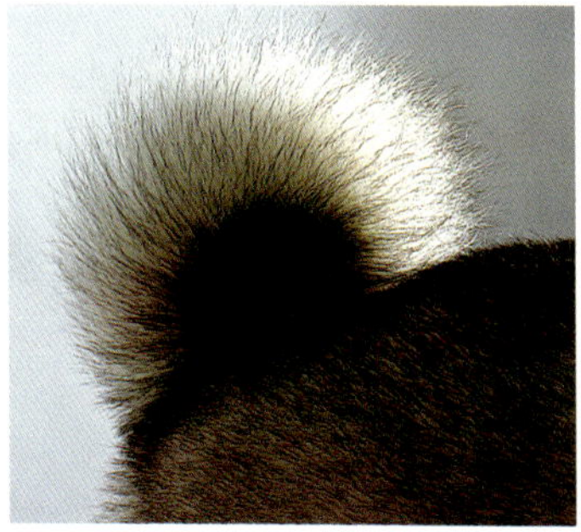

La queue du Chien d'élan s'enroule sur l'échine.

⚠ Cet animal sème énormément de poils dans la maison et doit être brossé chaque jour.

Spitz finlandais

vif • joyeux • affectueux • indépendant • enthousiaste • courageux • volontaire

TAILLE 39-50 cm • POIDS 14-16 kg • POIL Épais, court à moyennement long • COULEUR Roux tirant sur le brun, doré • ESPÉRANCE DE VIE 13 ans • Classé dans la catégorie « chiens non sportifs » aux États-Unis

Propre et un peu félin, le Spitz finlandais est un compagnon enthousiaste, énergique et indépendant qui adore se promener. Actif et curieux, il fait un très bon chien de garde, car il sait se montrer vigilant et aboyer quand il le faut.

RACE CRÉÉE POUR acculer les oiseaux, les écureuils et les martres dans les arbres avant d'alerter le chasseur en aboyant continuellement.

Caractéristiques particulières
Actif, curieux, aboyeur.

Activité physique
Importante. Aime les promenades énergiques.

Attitude envers
SES MAÎTRES indépendant, têtu
LES ENFANTS gentil
LES ANIMAUX DE COMPAGNIE parfois agressif envers les petits animaux
LES ÉTRANGERS réservé, comportement de chien de garde
SES CONGÉNÈRES aimable

Propriétaire idéal
Une personne active, facile à vivre et entourée d'un voisinage tolérant, qui recherche un animal énergique et indépendant avec qui partager des promenades vigoureuses.

Problèmes potentiels
Aboiements intempestifs. Il faut réprimer cette tendance dès le plus jeune âge.

⚠ L'épaisse robe doit être brossée chaque jour. Par chance, ce chien n'aime pas se salir.

Foxhound anglais

endurant • résistant • instinct de chasseur très développé • aimable

TAILLE 53-69 cm • POIDS 25-34 kg • POIL Court et dense • COULEUR Toutes les robes et les taches acceptées chez les chiens de chasse • ESPÉRANCE DE VIE 11 ans

Élevé pour chasser en meute, le Foxhound aime être toujours entouré. Grand et enthousiaste, il s'intéresse à tout ce qui l'entoure, souvent au détriment du mobilier. Le besoin d'exercice de ce chasseur indépendant et actif s'avère difficile à satisfaire tant son endurance et son énergie sont au-dessus de la moyenne. Le Foxhound américain, cousin du Foxhound anglais, est plus grand et possède une ossature plus légère que ce dernier.

RACE CRÉÉE POUR chasser le renard en meute avec des chasseurs à cheval.

Propriétaire idéal
Une personne très énergique qui possède assez de terrain pour accueillir une meute ou qui saura faire face aux assauts de ce chien contre son mobilier. Le Foxhound doit être sorti quotidiennement dans des espaces verts dépourvus de danger.

Problèmes potentiels
Tendance à s'échapper en promenade et à s'enfuir du jardin. Développe parfois un comportement destructeur lorsqu'il s'ennuie ou ne s'est pas suffisamment dépensé. Supporte mal la solitude.

Caractéristiques particulières
Curieux, actif. Possède un très bon odorat.

Activité physique
Importante.

Attitude envers
SES MAÎTRES indépendant, affectueux
LES ENFANTS gentil
LES ANIMAUX DE COMPAGNIE susceptible de tuer les petits animaux ou de les pourchasser
LES ÉTRANGERS aimable
SES CONGÉNÈRES aimable

Grand Bleu de Gasgogne

doux • actif • gentil • méthodique • déterminé • résolu

TAILLE **60-70 cm** • POIDS **32-35 kg** • POIL **Lisse et court** • COULEUR **Taches noires sur fond blanc truité de noir à l'aspect bleu** • ESPÉRANCE DE VIE **12-14 ans**

Malgré sa grande taille et sa puissance, le Grand Bleu de Gascogne est un animal doux, aimable et assez endurant pour courir une journée entière. Ce chien indépendant et friand de longues promenades se montre calme, affectueux et placide de retour à la maison.

RACE CRÉÉE POUR pister le loup, le sanglier et le cerf.

Caractéristiques particulières

Actif. Possède un nez très fin.

Activité physique

Importante. A besoin d'exercice pour être calme à la maison.

Attitude envers

SES MAÎTRES indépendant, affectueux
LES ENFANTS gentil
LES ANIMAUX DE COMPAGNIE gentil, susceptible de les poursuivre
LES ÉTRANGERS réservé mais aimable
SES CONGÉNÈRES aimable

Propriétaire idéal

Une personne active et facile à vivre qui recherche un animal au flair développé avec qui partager de longues promenades.

Problèmes potentiels

Parfois difficile à contrôler en promenade.

Greyhound

calme • doux • affectueux • placide

TAILLE 69-76 cm • POIDS 27-32 kg • POIL Fin et serré • COULEUR Noir, blanc, roux bleu, fauve plus ou moins soutenu, bringé, couleurs alliées ou non à du blanc • ESPÉRANCE DE VIE 11-12 ans

Désigné comme l'animal terrestre le plus rapide après le guépard, le Greyhound est incroyablement véloce sur de petites distances. À la maison, ce chien doux et affectueux préfère se pelotonner sur le canapé, bien plus confortable que le sol, pour y faire la sieste.

RACE CRÉÉE POUR chasser le lièvre.

Caractéristiques particulières
Bon chasseur. Plus véloce que la majorité des animaux.

Activité physique
Modérée. A besoin de courir en liberté.

Attitude envers
SES MAÎTRES indépendant, affectueux
LES ENFANTS gentil, tolérant
LES ANIMAUX DE COMPAGNIE parfois agressif envers les petits animaux, susceptible de poursuivre et de blesser les chats à moins qu'ils n'aient grandi ensemble.
LES ÉTRANGERS aimable
SES CONGÉNÈRES aimable, susceptible de poursuivre les petits chiens

Propriétaire idéal
Une personne douce et facile à vivre, qui aime les promenades courtes et toniques et qui vit à proximité d'espaces verts où cet élégant animal pourra courir en liberté et en toute sécurité.

Problèmes potentiels
Parfois difficile à contrôler en promenade. Donne la chasse sitôt qu'il en a l'occasion. Susceptible de tuer de petits animaux.

Basset Griffon vendéen (petit et grand)

joyeux • extraverti • hardi • indépendant • dévoué

TAILLE Petit : 33-38 cm • Grand : 38-42 cm • POIDS Petit : 14-18 kg • Grand : 18-20 kg • POIL Dur, long et rêche avec un sous-poil épais • COULEUR Fond blanc avec une variété de taches citron, orange, tricolore ou grisonnées • ESPÉRANCE DE VIE 12 ans

En plus d'être facile à vivre et extraverti, le Basset Griffon vendéen se montre également très aimable et dévoué à son maître. Avec ce chien, les promenades se transforment vite en battues, à moins qu'il ne soit tenu en laisse ou dans un espace restreint et sûr.

RACE CRÉÉE POUR lever le lapin et le lièvre.

Caractéristiques particulières

Actif. Possède un excellent flair.

Activité physique

Importante. Aime les longues promenades.

Attitude envers

SES MAÎTRES affectueux, plutôt indépendant
LES ENFANTS gentil
LES ANIMAUX DE COMPAGNIE gentil
LES ÉTRANGERS aimable
SES CONGÉNÈRES aimable

Propriétaire idéal

Une personne active qui aime marcher d'un bon pas.

Problèmes potentiels

Parfois difficile à contrôler en promenade. Aboiements intempestifs. Lorsqu'il ne se dépense pas assez, ce chien développe une tendance à creuser.

⚠ La robe peut transporter boue et poussière dans votre intérieur.

Hamiltonstövare

doux • placide • joyeux • extraverti • actif • volontaire

TAILLE 46-60 cm • POIDS 23-27 kg • POIL Lisse et court • COULEUR Brun et noir avec des marques blanches • ESPÉRANCE DE VIE 12-13 ans

Issu d'un croisement entre Foxhound et Harrier, le Hamiltonstövare tient son nom de son créateur, le suédois Hamilton. Ce chien facile à vivre et aimable à la maison devient en promenade un redoutable chasseur au flair hors pair qui se concentre sur sa proie en oubliant tout le reste.

RACE CRÉÉE POUR chasser le lièvre, le renard, et pour pister et lever le gibier.

Caractéristiques particulières
Actif, bon chasseur. Possède un nez très fin.

Activité physique
Importante. Énergique en promenade, nonchalant à la maison.

Attitude envers
SES MAÎTRES indépendant, affectueux
LES ENFANTS gentil, tolérant
LES ANIMAUX DE COMPAGNIE parfois agressif envers les petits animaux
LES ÉTRANGERS aimable
SES CONGÉNÈRES aimable

Propriétaire idéal
Une personne facile à vivre capable d'apporter à ce chien actif et énergique tout l'exercice dont il a besoin.

Problèmes potentiels
Le goût de cet animal pour la chasse réduit considérablement le choix des espaces de promenade. Lorsqu'il ne se dépense pas assez, il développe un comportement destructeur.

Harrier

actif • indépendant • grégaire

TAILLE **46-56 cm** • POIDS **22-27 kg** • POIL **Lisse et court** • COULEUR **Toutes** • ESPÉRANCE DE VIE **10-12 ans**

Élevé pour chasser en meute, le Harrier est un animal très sociable, affectueux et aimable. En raison de son incroyable énergie et de son instinct de chasseur, la place de chien de compagnie ne lui convient pas vraiment, à moins que son propriétaire ne possède suffisamment de terrain pour qu'il puisse se dépenser à sa guise.

RACE CRÉÉE POUR chasser le lapin en meute avec des chasseurs à pied.

Attitude envers

SES MAÎTRES indépendant, affectueux
LES ENFANTS gentil
LES ANIMAUX DE COMPAGNIE parfois agressif envers les petits animaux
LES ÉTRANGERS aimable
SES CONGÉNÈRES aimable

Propriétaire idéal

Une personne facile à vivre et expérimentée qui recherche un chien indépendant pour partager ses promenades à pied et à bicyclette ou qui possède assez d'espace pour accueillir une meute.

Problèmes potentiels

Parfois difficile à contrôler en promenade. Lorsqu'il ne se dépense pas assez, le Harrier développe tempérament destructeur et autres problèmes comportementaux. Supporte mal la solitude.

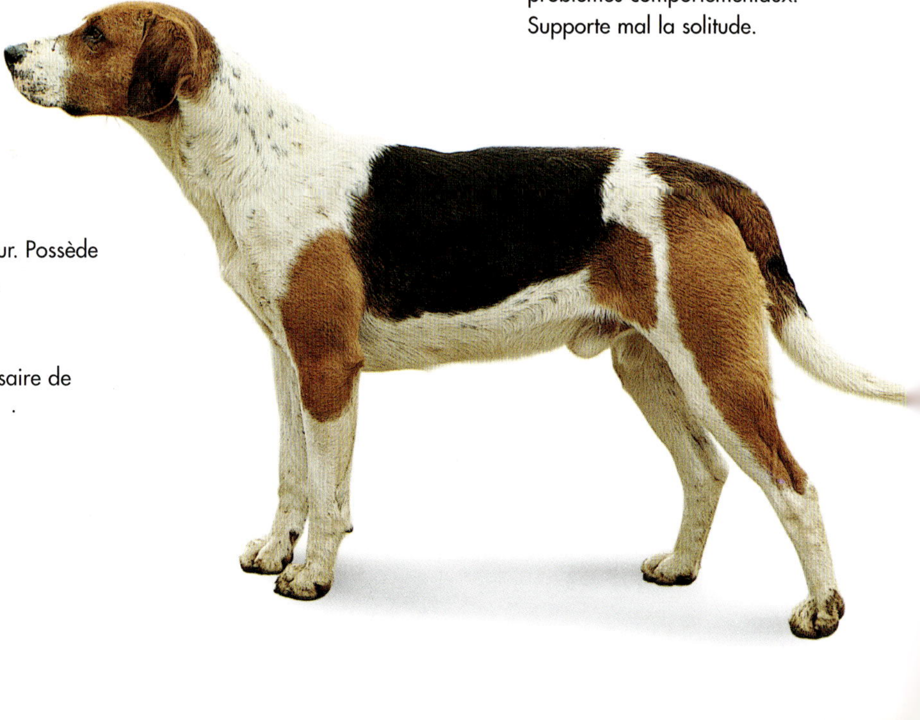

Caractéristiques particulières

Énergique, bon chasseur. Possède un flair très développé.

Activité physique

Importante. Il est nécessaire de le faire courir souvent.

Lévrier d'Ibiza

réservé • fier • indépendant • vif • affectueux

TAILLE 56-74 cm • POIDS 19-25 kg • POIL Lisse, serré et dense. Parfois dur ou encore long • COULEUR Blanc, châtaigne, fauve soutenu, ou association de ces trois robes • ESPÉRANCE DE VIE 12 ans

Doux, sensible et fidèle, le Lévrier d'Ibiza séduit par son élégance et son caractère indépendant. Ce coureur vif, enthousiaste et rapide aime les grands espaces verts où il peut s'adonner à son activité favorite en toute sécurité.

RACE CRÉÉE POUR chasser le lièvre et le lapin.

Caractéristiques particulières
Aime courir, sauter et chasser.

Activité physique
Importante. Très énergique en promenade, plutôt nonchalant à la maison.

Attitude envers
SES MAÎTRES indépendant, affectueux
LES ENFANTS gentil, tolérant
LES ANIMAUX DE COMPAGNIE parfois agressif envers les petits animaux à moins qu'ils n'aient grandi ensemble
LES ÉTRANGERS réservé
SES CONGÉNÈRES aimable

Propriétaire idéal
Une personne facile à vivre qui a accès à des espaces de promenades dépourvus de danger et qui saura apprécier le caractère doux et indépendant de ce chien.

Problèmes potentiels
Parfois difficile à contrôler en promenade.

Lévrier irlandais

doux • gentil • affectueux • calme • patient

TAILLE 71-80 cm • POIDS 41-55 kg • POIL Dur et rêche • COULEUR Gris, bringé, roux, noir, blanc, fauve, froment, gris acier • ESPÉRANCE DE VIE 8-10 ans

Cette race gigantesque et néanmoins douce, calme et affectueuse était à l'origine utilisée par la famille royale d'Angleterre pour chasser le loup. Placide et indépendant à la maison, le Lévrier irlandais révèle son tempérament de coureur en promenade.

RACE CRÉÉE POUR chasser le loup en meute.

Caractéristiques particulières

Aime la course très rapide et la chasse.

Activité physique

Modérée. Nonchalant à la maison.

Attitude envers

SES MAÎTRES indépendant, affectueux
LES ENFANTS gentil, susceptible de renverser les plus jeunes
LES ANIMAUX DE COMPAGNIE parfois agressif envers les petits animaux
LES ÉTRANGERS aimable
SES CONGÉNÈRES aimable

Propriétaire idéal

Une personne robuste, facile à vivre et affectueuse qui dispose d'assez de terrain et a accès à des espaces verts où ce géant pourra courir en liberté et en toute sécurité.

Problèmes potentiels

Parfois difficile à contrôler en promenade, surtout s'il aperçoit quelque chose à poursuivre.

Lurcher

doux • affectueux • placide

TAILLE 51-61 cm • POIDS 12,5-14,5 kg • POIL Dur ou droit • COULEUR Toutes • ESPÉRANCE DE VIE 14 ans

Le Lurcher, élevé à l'origine pour chasser le lièvre, possède à la fois la vitesse du Greyhound et la vivacité d'esprit du Colley. Doux, calme et indépendant à la maison, il se montre toujours enthousiaste en promenade et adore courir.

RACE CRÉÉE POUR chasser le lièvre.

Caractéristiques particulières
Bon chasseur. Plus véloce que la plupart des animaux.

Activité physique
Modérée. A besoin de courir en liberté.

Attitude envers
SES MAÎTRES indépendant, affectueux
LES ENFANTS gentil, tolérant
LES ANIMAUX DE COMPAGNIE parfois agressif envers les petits animaux, susceptible de poursuivre et de blesser les chats avec qui il n'a pas grandi.
LES ÉTRANGERS aimable
SES CONGÉNÈRES aimable, susceptible de donner la chasse aux petits chiens

Propriétaire idéal
Une personne douce et facile à vivre qui aime les marches énergiques et vit à proximité d'espaces verts où son élégant compagnon pourra courir quotidiennement en toute sécurité.

Problèmes potentiels
Parfois difficile à contrôler en promenade. En règle générale, le Lurcher ne résiste pas à l'envie de pourchasser les petits animaux qu'il est susceptible de tuer s'il les rattrape.

Chien norvégien de macareux

agile • vif • énergique • gai • réceptif

TAILLE 32-38 cm • POIDS 6-7 kg • POIL Dense et dur avec un sous-poil doux • COULEUR Les robes brun roux à fauve avec l'extrémité des poils noire sont les plus recherchées. Noir ou gris. Toutes ces robes mêlées de blanc. Fond blanc avec des taches noires • ESPÉRANCE DE VIE 12 ans

Dressé à dénicher le macareux au sommet des falaises, ce chien étonnant possède des coussins plantaires supplémentaires qui lui offrent une meilleure adhérence sur les rochers. Plus agile que la plupart de ses congénères grâce à son cou très souple, cet animal s'avère plein d'entrain, joueur et affectueux envers son maître.

RACE CRÉÉE en Norvège pour dénicher le macareux.

Caractéristiques particulières
Joueur. Possède au moins six doigts et deux ergots à chaque patte qui lui permettent d'adhérer sur toutes les surfaces.

Activité physique
Modérée. Aime jouer.

Attitude envers
SES MAÎTRES affectueux
LES ENFANTS gentil, joueur
LES ANIMAUX DE COMPAGNIE gentil
LES ÉTRANGERS aimable
SES CONGÉNÈRES aimable

Propriétaire idéal
Une personne active, facile à vivre et affectueuse qui aime jouer avec son compagnon.

Problèmes potentiels
Apprentissage de la propreté assez difficile.

Chien de loutre

aimable • enjoué • affectueux • indépendant • placide

TAILLE 61-69 cm • POIDS 30-55 kg • POIL Long, dense, dur et rêche • COULEUR Toutes les robes acceptées pour les chiens de chasse • ESPÉRANCE DE VIE 12 ans

Ce chien joyeux et hirsute est un excellent nageur dont la robe le protège du froid. Facile à vivre et aimable, le Chien de loutre est doté d'un très bon odorat et aime tout particulièrement pister et chasser.

RACE CRÉÉE POUR chasser la loutre.

Attitude envers
SES MAÎTRES indépendant, affectueux
LES ENFANTS gentil, tolérant
LES ANIMAUX DE COMPAGNIE parfois agressif envers les petits animaux
LES ÉTRANGERS aimable
SES CONGÉNÈRES aimable

Propriétaire idéal
Une personne active, facile à vivre et affectueuse ayant accès à des espaces verts et des plans d'eau où ce chien pourra se dépenser en toute sécurité.

Problèmes potentiels
Parfois difficile à contrôler en promenade.

Caractéristiques particulières
Actif, bon nageur. Possède un nez très fin.

Activité physique
Importante. A besoin de nager et de courir.

Chien du pharaon

vif • distant • aimable • affectueux

TAILLE 53-63 cm • POIDS 20-25 kg • POIL Court et brillant • COULEUR Feu plus ou moins soutenu • ESPÉRANCE DE VIE 12-14 ans

Comme son nom l'indique, l'origine de cette race douce et sensible remonte à l'Égypte ancienne. L'instinct de chasseur de cet animal étant toujours très développé, la prudence est de mise lors des promenades. Indépendant et distant, le Chien du pharaon se montre affectueux et aimable uniquement lorsqu'il en a envie.

RACE CRÉÉE POUR chasser en utilisant sa vue, son ouïe et son flair.

Caractéristiques particulières

Curieux, vif, rapide, bon chasseur. Rougit quand il est excité.

Activité physique

Très importante. Aime courir et chasser.

Attitude envers

SES MAÎTRES indépendant, affectueux
LES ENFANTS gentil
LES ANIMAUX DE COMPAGNIE parfois agressif envers les petits animaux
LES ÉTRANGERS réservé mais aimable
SES CONGÉNÈRES aimable

Propriétaire idéal

Une personne active et facile à vivre qui dispose d'assez de temps et de terrain pour promener quotidiennement ce chien indépendant et dynamique.

Problèmes potentiels

Parfois difficile à contrôler en promenade. Aboiements intempestifs.

Plott Hound

affectueux • indépendant • facile à vivre • énergique

TAILLE 51-61 cm • POIDS 20-25 kg • POIL Court et lustré • COULEUR Bringé ou bleu • ESPÉRANCE DE VIE 12-13 ans • Classé dans la catégorie « Divers » aux États-Unis

Le Plott Hound est un chasseur fort, vigoureux et très actif. Il a besoin de beaucoup d'espace pour se dépenser en toute sécurité. À la maison, il se montre aimable et affectueux.

RACE CRÉÉE POUR acculer ours et ratons laveurs dans les arbres en attendant les chasseurs.

Caractéristiques particulières

Énergique, bon chasseur. Possède un nez très fin.

Activité physique

Importante. Calme à la maison, aime courir en liberté.

Attitude envers

SES MAÎTRES indépendant, affectueux
LES ENFANTS gentil
LES ANIMAUX DE COMPAGNIE parfois agressif envers les petits animaux
LES ÉTRANGERS aimable
SES CONGÉNÈRES aimable

Propriétaire idéal

Une personne active et facile à vivre qui aime les promenades toniques et les grands espaces où cet animal pourra se dépenser en toute sécurité.

Problèmes potentiels

Parfois difficile à contrôler en promenade et assez aboyeur.

Rhodesian Ridgeback

fier • distant • volontaire • fidèle • résolu

TAILLE 61-69 cm • POIDS 30-39 kg • POIL Court et dense • COULEUR Froment doré à roux • ESPÉRANCE DE VIE 12 ans

Ce chasseur robuste et courageux au caractère intuitif et indépendant obéit uniquement lorsque cela lui chante.

RACE CRÉÉE en Afrique pour pister le lion et l'acculer en attendant les chasseurs.

Attitude envers

SES MAÎTRES indépendant, affectueux

LES ENFANTS gentil

LES ANIMAUX DE COMPAGNIE parfois agressif envers les petits animaux, susceptible de poursuivre les chats avec qui il n'a pas grandi

LES ÉTRANGERS intuitif

SES CONGÉNÈRES aimable s'il a bien été sociabilisé

Propriétaire idéal

Une personne active, autoritaire et expérimentée qui a accès à des espaces verts où promener ce chasseur indépendant et puissant.

Problèmes potentiels

Parfois difficile à contrôler en promenade. S'il a été mal sociabilisé, ce chien se montrera assez agressif.

Caractéristiques particulières

Puissant, bon chasseur. La crête (ridge) caractéristique qui court le long de son dos lui a donné son nom.

Activité physique

Importante. Nonchalant à la maison.

Saluki

fier • sensible • doux • indépendant

TAILLE 58-71 cm • POIDS 14-25 kg • POIL Lisse et soyeux • COULEUR Toutes sauf bringé • ESPÉRANCE DE VIE 12 ans

Élégant, doux et sensible, le Saluki est indépendant et distant de nature. Pour éviter qu'il ne prenne en chasse d'autres animaux, il vaut mieux opter pour des lieux de promenade peu fréquentés où ce rapide coureur pourra s'ébattre en toute liberté.

RACE CRÉÉE POUR chasser la gazelle.

Caractéristiques particulières
Véloce. Adore chasser.

Activité physique
Importante. Énergique en promenade, calme à la maison.

Attitude envers
SES MAÎTRES indépendant, n'aime pas les caresses
LES ENFANTS plutôt tolérant, mais n'apprécie pas les plus petits
LES ANIMAUX DE COMPAGNIE parfois agressif envers les petits animaux
LES ÉTRANGERS réservé
SES CONGÉNÈRES réservé mais aimable

Propriétaire idéal
Une personne active et facile à vivre qui saura apprécier le tempérament distant et indépendant de cet animal et pourra lui apporter l'exercice dont il a besoin dans un environnement sans danger.

Problèmes potentiels
Donne la chasse à tout ce qui ressemble à une proie.

Chien courant italien

doux • affectueux • placide

TAILLE 48-59 cm • POIDS 18-28 kg • POIL Variété à poil court : brillant, ras et dense • Variété à poil long : dur, rêche et dense • COULEUR Noir/feu ou nuances de fauve • ESPÉRANCE DE VIE 12-13 ans

Ce chien de chasse très populaire en Italie s'avère facile à vivre et aimable envers les humains. Indépendant et néanmoins affectueux, le Chien courant italien a besoin de longues marches dynamiques pour dépenser son surplus d'énergie.

RACE CRÉÉE POUR chasser le gros gibier en utilisant sa vue et son flair.

Caractéristiques particulières
Actif. Possède un nez très fin.

Activité physique
Importante. Aime les longues promenades.

Attitude envers
SES MAÎTRES indépendant, affectueux
LES ENFANTS gentil
LES ANIMAUX DE COMPAGNIE parfois agressif envers les petits animaux
LES ÉTRANGERS aimable
SES CONGÉNÈRES aimable

Propriétaire idéal
Une personne active et facile à vivre ayant accès à des espaces verts dépourvus de danger, où ce chasseur énergique et indépendant pourra se dépenser.

Problèmes potentiels
Parfois difficile à contrôler en promenade.

Sloughi

silencieux • vif • fier • hautain • distant • sensible • loyal

TAILLE 61-72 cm • POIDS 20-27 kg • POIL Court et fin • COULEUR Sable plus ou moins soutenu • ESPÉRANCE DE VIE 12 ans

Ce coureur véloce à l'instinct de chasseur très développé ne se montre pas très caressant ni très extraverti avec les étrangers et préfère la compagnie de son maître. Calme à la maison, les longues promenades toniques et vigoureuses sont indispensables à son bien-être.

RACE CRÉÉE POUR chasser le gibier du désert comme la gazelle.

Caractéristiques particulières
Timide, sensible. Possède un fort instinct de chasseur.

Activité physique
Importante. Nonchalant à la maison.

Attitude envers
SES MAÎTRES indépendant, affectueux
LES ENFANTS relations difficiles
LES ANIMAUX DE COMPAGNIE parfois agressif envers les petits animaux
LES ÉTRANGERS réservé, comportement de chien de garde
SES CONGÉNÈRES tolérant

Propriétaire idéal
Une personne douce et expérimentée qui mène une vie tranquille et a accès à des espaces verts où promener ce dynamique chasseur.

Problèmes potentiels
Parfois difficile à contrôler en promenade. Agressif envers les personnes qui pénètrent son territoire. Comportement nerveux. Susceptible de s'attaquer aux petits animaux.

Whippet

doux • affectueux • placide

TAILLE 44-51 cm • POIDS 12,5-13,5 kg • POIL Fin et court • COULEUR Toutes • ESPÉRANCE DE VIE 13-14 ans

D'un naturel doux et affectueux avec son maître, le Whippet se montre souvent timide et craintif avec les étrangers. Surnommé « le cheval de course du pauvre », c'est un coureur véloce qui a besoin de vastes lieux de promenade dépourvus de danger.

RACE CRÉÉE POUR chasser et tuer le lapin.

Caractéristiques particulières
Rapide, bon chasseur.

Activité physique
Modérée. Aime courir en liberté, nonchalant à la maison.

Attitude envers
SES MAÎTRES indépendant, affectueux
LES ENFANTS gentil,
LES ANIMAUX DE COMPAGNIE parfois agressif envers les petits animaux
LES ÉTRANGERS réservé puis aimable
SES CONGÉNÈRES aimable

⚠ La robe fine de cet animal le rend très sensible au froid. Le Whippet a besoin d'un panier confortable.

Propriétaire idéal
Une personne douce, active et facile à vivre ayant accès à des espaces verts où ce petit chasseur indépendant pourra courir en toute sécurité et en toute liberté.

Problèmes potentiels
Parfois difficile à contrôler en promenade.

Berger d'Anatolie

volontaire • hardi • indépendant • fier • résolu

TAILLE 71-81 cm • POIDS 41-64 kg • POIL Court et dense avec un épais sous-poil • COULEUR Crème à fauve avec masque et oreilles noirs • ESPÉRANCE DE VIE 10-11 ans • Classé dans la catégorie « chiens d'utilité » aux États-Unis

Utilisé comme chien de garde, le Berger d'Anatolie possède une musculature importante et une force considérable. Naturellement têtu, indépendant et hardi, il faut l'habituer dès son plus jeune âge à côtoyer humains et animaux afin qu'il se montre sociable par la suite.

RACE CRÉÉE POUR protéger les moutons des loups et des ours.

Caractéristiques particulières
Méfiant.

Activité physique
Faible. Son esprit doit être souvent sollicité.

Attitude envers
SES MAÎTRES fidèle, affectueux
LES ENFANTS protecteur
LES ANIMAUX DE COMPAGNIE indifférent
LES ÉTRANGERS méfiant, comportement de chien de garde
SES CONGÉNÈRES assez intolérant

Propriétaire idéal
Une personne expérimentée, forte physiquement et autoritaire qui possède un jardin (ou une cour) pour accueillir cet animal puissant dont l'esprit vif doit être sollicité en permanence.

Problèmes potentiels
Parfois agressif envers les étrangers et les chiens qu'il ne connaît pas. Fait parfois preuve d'hostilité envers son maître si les places de dominé et de dominant ne sont pas bien définies au sein du foyer.

Bouvier australien

fidèle • protecteur • réceptif • docile • vif • courageux

TAILLE 43-51 cm • POIDS 16-20 kg • POIL Lisse, raide et dru avec un sous-poil court et épais • COULEUR Bleu, roux moucheté • ESPÉRANCE DE VIE 12 ans

Ce chien robuste, courageux et réceptif aime prendre des initiatives. Le tempérament volontaire et bien trempé du Bouvier australien en fait un travailleur actif qui ne supporte pas l'inactivité.

RACE CRÉÉE POUR mener les troupeaux.

Caractéristiques particulières
Joueur, méfiant envers les étrangers. Possède une grande force de caractère.

Activité physique
Très importante. A besoin de beaucoup de jeu et de sollicitations.

Attitude envers
SES MAÎTRES affectueux, loyal
LES ENFANTS tolérant envers ceux qu'il connaît
LES ANIMAUX DE COMPAGNIE plutôt gentil s'ils ont grandi ensemble
LES ÉTRANGERS méfiant, comportement de chien de garde
SES CONGÉNÈRES plutôt agressif à moins qu'il n'ait été sociabilisé

Propriétaire idéal
Une personne autoritaire, attentionnée et expérimentée qui dispose d'assez de temps pour dresser et jouer avec ce chien puissant et travailleur.

Problèmes potentiels
Agressif envers les étrangers et les autres animaux s'il n'a pas été correctement sociabilisé. Fait parfois preuve d'hostilité envers son maître si les places de dominé et de dominant ne sont pas bien définies au sein du foyer. Susceptible de mordre les chevilles en jouant.

Berger australien

réceptif • fidèle • attentif • enthousiaste • réservé • docile

TAILLE 46-58 cm • POIDS 16-32 kg • POIL Légèrement ondulé avec sous-poil • COULEUR Merle, noir, rouge, noir et rouge, avec ou sans taches feu • ESPÉRANCE DE VIE 12-13 ans

Inconnu en Australie, cette race fut développée dans les fermes et les ranchs des États-Unis. Très protecteur, le Berger australien possède un fort instinct de gardien et beaucoup d'énergie.

RACE CRÉÉE POUR mener les moutons.

Attitude envers

SES MAÎTRES fidèle, affectueux
LES ENFANTS protecteur
LES ANIMAUX DE COMPAGNIE gentil, susceptible de leur donner la chasse
LES ÉTRANGERS réservé, comportement de chien de garde
SES CONGÉNÈRES tolérant

Propriétaire idéal

Une personne autoritaire, attentionnée et expérimentée qui dispose d'assez de temps pour dresser et jouer avec ce chien puissant et travailleur.

Problèmes potentiels

Susceptible de poursuivre humains et animaux. Agressif envers les étrangers s'il n'a pas été correctement sociabilisé.

Caractéristiques particulières

Protecteur. Possède un fort instinct de gardien.

Activité physique

Importante. Très énergique.

Colley barbu

vif • gai • extraverti • résolu • actif

TAILLE 51-56 cm • POIDS 18-27 kg • POIL Plat, dur, solide et hirsute avec un sous-poil doux et fourni • COULEUR Gris ardoise, fauve, noir, bleu et toutes les nuances de gris, de brun et de sable avec ou sans taches blanches • ESPÉRANCE DE VIE 12-13 ans

Le Colley barbu est une race joyeuse, extravertie et pleine d'énergie qui aime se dépenser lors de longues séances de jeu. La robe de ce chien réceptif et très proche de son maître doit être brossée quotidiennement pour conserver son bel aspect.

RACE CRÉÉE POUR mener les troupeaux de moutons.

Caractéristiques particulières

Joyeux, joueur. Aime courir.

Activité physique

Importante. A besoin de courir et de jouer.

Attitude envers

SES MAÎTRES affectueux, docile
LES ENFANTS gentil
LES ANIMAUX DE COMPAGNIE gentil, susceptible de leur donner la chasse
LES ÉTRANGERS aimable, parfois réservé
SES CONGÉNÈRES aimable

Propriétaire idéal

Une personne douce et active qui dispose d'assez de temps et d'énergie pour dresser, promener et jouer avec ce chien extraverti et dynamique.

Problèmes potentiels

Susceptible de poursuivre humains et animaux si l'on n'attire pas son attention vers des jouets. Possessif avec ses jouets. Très sensible aux sons, susceptible de développer une phobie du bruit

⚠ La robe de cet animal nécessite des soins quotidiens. Les poils qui couvrent les yeux doivent être attachés afin que le chien voie correctement.

Bergers belges

Il existe quatre variétés différentes de Bergers belges. Toutes sont vives, plutôt réservées et par conséquent se montrent timides et assez impressionnables. Ces chiens énergiques et actifs ont besoin d'espace pour assouvir leur besoin de courir. Très réceptifs, ils aiment entretenir une relation assez proche avec leur maître.

Malinois

prudent • actif • vif • docile • protecteur • ingénieux

TAILLE 56-66 cm • POIDS 27,5-28,5 kg • POIL Court avec un sous-poil laineux • COULEUR Toutes les nuances charbonnées de roux, fauve et gris. Masque noir • ESPÉRANCE DE VIE 12-13 ans

RACE CRÉÉE POUR mener les troupeaux.

Caractéristiques particulières
Actif, joueur. Aime courir.

Activité physique
Importante. A besoin d'autant d'exercice physique que de stimulation mentale.

Attitude envers
SES MAÎTRES fidèle, affectueux
LES ENFANTS gentil s'il a bien été sociabilisé
LES ANIMAUX DE COMPAGNIE gentil, susceptible de leur donner la chasse
LES ÉTRANGERS prudent, comportement de chien de garde
SES CONGÉNÈRES aimable s'il a bien été sociabilisé

Propriétaire idéal
Une personne expérimentée, disponible pour des promenades, des séances de jeu et de dressage.

Problèmes potentiels
Parfois agressif envers les étrangers. Son instinct de gardien habitué à poursuivre les troupeaux peut poser quelques problèmes.

Groenendael

prudent • actif • vif • docile • protecteur • ingénieux

TAILLE 56-66 cm • POIDS 27,5-28,5 kg • POIL Long, droit et abondant avec un sous-poil très dense • COULEUR Noir • ESPÉRANCE DE VIE 12-13 ans

RACE CRÉÉE POUR mener les troupeaux.

Caractéristiques particulières
Actif, joueur. Aime courir.

Activité physique
Importante. A besoin d'autant d'exercice physique que de stimulation mentale.

Attitude envers
SES MAÎTRES fidèle, affectueux
LES ENFANTS gentil s'il a bien été sociabilisé
LES ANIMAUX DE COMPAGNIE gentil, susceptible de leur donner la chasse
LES ÉTRANGERS prudent, comportement de chien de garde
SES CONGÉNÈRES aimable s'il a bien été sociabilisé

Propriétaire idéal
Une personne attentionnée et expérimentée qui prendra soin de ce timide animal et saura solliciter son inépuisable énergie physique et mentale lors de longues promenades et de nombreuses séances de jeu et de dressage.

Problèmes potentiels
Parfois agressif envers les étrangers. Son instinct de gardien habitué à poursuivre les troupeaux peut poser quelques problèmes.

Laekenois

prudent • actif • vif • docile • protecteur • ingénieux

TAILLE 56-66 cm • POIDS 27,5-28,5 kg • POIL Dur, sec et ébouriffé • COULEUR Fauve avec des traces charbonnées • ESPÉRANCE DE VIE 12-13 ans

RACE CRÉÉE POUR mener les troupeaux.

Caractéristiques particulières
Actif, joueur. Aime courir.

Activité physique
Importante. A besoin d'autant d'exercice physique que de stimulation mentale.

Attitude envers
SES MAÎTRES fidèle, affectueux
LES ENFANTS gentil s'il a bien été sociabilisé
LES ANIMAUX DE COMPAGNIE gentil, susceptible de leur donner la chasse
LES ÉTRANGERS prudent, comportement de chien de garde
SES CONGÉNÈRES gentil s'il a bien été sociabilisé

Propriétaire idéal
Une personne attentionnée et expérimentée qui prendra soin de ce timide animal et saura solliciter son inépuisable énergie physique et mentale lors de longues promenades et de nombreuses séances de jeu et de dressage.

Problèmes potentiels
Un peu moins agressif envers les étrangers que les autres Bergers belges. Son instinct de gardien habitué à poursuivre les troupeaux peut poser quelques problèmes.

Tervueren

prudent • actif • vif • docile • protecteur • ingénieux

TAILLE 56-66 cm • POIDS 27,5-28,5 kg • POIL Long, droit et abondant avec un sous-poil très dense. La robe particulièrement fournie au niveau du cou forme un collier surtout chez les mâles, ainsi qu'une épaisse culotte et des franges le long des membres antérieurs et sur la queue • COULEUR Toutes les nuances de roux, feu • ESPÉRANCE DE VIE 12-13 ans

RACE CRÉÉE POUR mener les troupeaux.

Caractéristiques particulières

Actif, joueur. Aime courir.

Activité physique

Importante. A besoin d'autant d'exercice physique que de stimulation mentale.

Attitude envers

SES MAÎTRES fidèle, affectueux
LES ENFANTS gentil s'il a bien été sociabilisé
LES ANIMAUX DE COMPAGNIE gentil, susceptible de leur donner la chasse
LES ÉTRANGERS prudent, comportement de chien de garde
SES CONGÉNÈRES gentil s'il a bien été sociabilisé

Propriétaire idéal

Une personne attentionnée et expérimentée qui prendra soin de ce timide animal et saura solliciter son inépuisable énergie physique et mentale lors de longues promenades et de nombreuses séances de jeu et de dressage.

Problèmes potentiels

Parfois agressif envers les étrangers. Son instinct de gardien habitué à poursuivre les troupeaux peut poser quelques problèmes.

Berger de Bergame

vigilant • très protecteur • prudent • patient

TAILLE 54-62 cm • POIDS 26-38 kg • POIL Abondant et long avec un sous-poil court et dense. Ce poil feutre très vite et forme de grosses mèches. Gras au toucher • COULEUR Noir, nuances de gris • ESPÉRANCE DE VIE 12 ans

Cette race très ancienne, relativement rare et rustique, est originaire des montagnes iraniennes où elle fut créée pour garder et protéger les moutons. Vigoureux et résistant, le Berger de Bergame possède un tempérament protecteur et indépendant.

RACE CRÉÉE POUR protéger les troupeaux de moutons des loups.

Propriétaire idéal
Une personne autoritaire et expérimentée qui dispose d'un jardin (ou d'une cour) bien fermé pour accueillir cet animal dont l'esprit vif doit être sollicité en permanence.

Problèmes potentiels
Parfois agressif envers les étrangers.

⚠ Si ce chien vit dans la maison, il se sentira mieux et ne dégagera pas d'odeur désagréable s'il est tondu. Les poils qui couvrent les yeux doivent être attachés ou coupés afin que l'animal voie correctement.

Caractéristiques particulières
Possède un fort instinct de gardien.

Activité physique
Faible. A besoin de stimulation intellectuelle.

Attitude envers
SES MAÎTRES fidèle, affectueux
LES ENFANTS gentil avec ceux qu'il connaît
LES ANIMAUX DE COMPAGNIE gentil s'ils ont grandi ensemble
LES ÉTRANGERS méfiant, comportement de chien de garde
SES CONGÉNÈRES parfois agressif

Border Collie

tenace • enthousiaste • docile • vif • réceptif • sensible

TAILLE 46-54 cm • POIDS 14-22 kg • POIL De longueur moyenne, abondant et droit avec un sous-poil doux et épais • COULEUR Différentes robes acceptées. Le blanc ne doit jamais être prédominant • ESPÉRANCE DE VIE 12-14 ans

La rapidité et la vivacité d'esprit du Border Collie sont reconnues sur tous les continents. Pour éviter qu'il ne poursuive ceux qui croisent son chemin, il doit se défouler lors de longues séances de jeu. Ce chien énergique et endurant aime entretenir une relation très proche avec ses maîtres.

RACE CRÉÉE POUR mener les troupeaux de moutons.

Caractéristiques particulières
Endurant, bon coureur.

Activité physique
Très importante.

Attitude envers
SES MAÎTRES dévoué, affectueux
LES ENFANTS gentil, susceptible de pourchasser/donner des petits coups de dents en jouant
LES ANIMAUX DE COMPAGNIE gentil, susceptible de leur donner la chasse
LES ÉTRANGERS aimable s'il a bien été sociabilisé
SES CONGÉNÈRES aimable s'il a bien été sociabilisé

Propriétaire idéal
Une famille dynamique et affectueuse qui dispose d'assez de temps pour solliciter l'esprit vif de cet animal et d'assez d'énergie pour canaliser sa fougue grâce à des séances de jeu et de dressage.

Problèmes potentiels
Donne la chasse sitôt qu'il en a l'occasion. Parfois agressif envers les étrangers s'il n'a pas été correctement sociabilisé. Susceptible de développer une phobie du bruit..

⚠ La robe peut transporter boue et poussière dans votre intérieur.

Berger de Brie

polyvalent • hardi • calme • courageux • docile

TAILLE 58-69 cm • POIDS 33,5-34,5 kg • POIL Long, sec et légèrement ondulé avec un sous-poil fin et dense • COULEUR Noir, fauve, gris ardoise • ESPÉRANCE DE VIE 12 ans

À l'origine, ce chien robuste fut dressé à mener et protéger les troupeaux tant il se montre dynamique et aime courir. Si l'on veut éviter que sa nature méfiante ne prenne le dessus, il lui faut une éducation adéquate avec de multiples contacts pour qu'il devienne un adulte calme et gentil.

RACE CRÉÉE POUR mener et protéger les troupeaux.

Caractéristiques particulières
Dynamique, protecteur.

Activité physique
Modérée. Aime jouer.

Attitude envers
SES MAÎTRES affectueux, protecteur
LES ENFANTS gentil s'il a grandi à leurs côtés
LES ANIMAUX DE COMPAGNIE gentil s'ils ont grandi ensemble
LES ÉTRANGERS aimable s'il a bien été sociabilisé
SES CONGÉNÈRES aimable s'il a bien été sociabilisé, parfois dominateur

Propriétaire idéal
Une personne autoritaire, active et expérimentée qui aura le temps de stimuler l'esprit réceptif de cet animal grâce à de nombreuses rencontres et de longues séances de jeu et d'exercice.

Problèmes potentiels
Agressif envers les étrangers et ses congénères s'il n'a pas été correctement sociabilisé.

⚠ Les poils qui couvrent les yeux doivent être coupés ou attachés afin que le chien voie correctement.

Colley (à poil long)

sensible • distant • affectueux • doux

TAILLE 51-61 cm • POIDS 18-30 kg • POIL Long, abondant, droit et dur au toucher avec un sous-poil doux et épais • COULEUR Zibeline et blanc, tricolore, bleu merle avec un collier blanc plus ou moins bien défini, le plastron, les pattes et le bout de la queue blancs • ESPÉRANCE DE VIE 12-13 ans

Sensible et distant, le Colley à poil long est mondialement connu grâce au film *Lassie*. Ce chien pourtant doux, affectueux et proche de son maître se montre plutôt réservé avec les étrangers et n'aime pas vraiment la nouveauté. Sa sociabilité laisse souvent à désirer malgré une bonne éducation.

RACE CRÉÉE POUR mener les troupeaux de moutons.

Caractéristiques particulières
Joueur. Aime courir.

Activité physique
Faible.

Attitude envers
SES MAÎTRES fidèle, affectueux
LES ENFANTS plutôt tolérant
LES ANIMAUX DE COMPAGNIE gentil
LES ÉTRANGERS réservé
SES CONGÉNÈRES réservé ou indifférent

Propriétaire idéal
Une personne douce et sensible qui recherche un animal à bichonner et avec qui partager une relation très forte.

Problèmes potentiels
Méfiant envers les étrangers. Susceptible de développer une phobie du bruit.

⚠ La robe nécessite des soins quotidiens afin d'éviter les nœuds. En été, cette race préfère les endroits frais, car l'épaisseur de son poil la rend particulièrement sensible à la chaleur.

Colley (à poil court)

sensible • distant • affectueux • doux

TAILLE 51-61 cm • POIDS 18-30 kg • POIL Court, plat et dur avec un sous-poil très dense • COULEUR Zibeline et blanc, tricolore, bleu merle avec un collier blanc plus ou moins bien défini, le plastron, les pattes et le bout de la queue blancs • ESPÉRANCE DE VIE 12-13 ans

Sensible et distant, le Colley à poil court est doux, affectueux et proche de son maître. Ce chien n'aime pas vraiment la nouveauté et se montre plutôt réservé avec les étrangers. Sa sociabilité laisse souvent à désirer malgré une bonne éducation.

RACE CRÉÉE POUR mener les troupeaux de moutons.

Caractéristiques particulières
Joueur. Aime courir.

Activité physique
Faible.

Attitude envers
SES MAÎTRES fidèle, affectueux
LES ENFANTS plutôt tolérant
LES ANIMAUX DE COMPAGNIE gentil
LES ÉTRANGERS timide
SES CONGÉNÈRES réservé ou indifférent

Propriétaire idéal
Une personne douce et sensible qui saura protéger cet animal timide de toute expérience traumatisante et apprécier son tempérament très affectueux.

Problèmes potentiels
Parfois mordant avec les étrangers. Susceptible de développer une phobie du bruit.

Montagne portugais

actif • fidèle • affectueux • vif • volontaire • entêté

TAILLE 62-72 cm • POIDS 30-50 kg • POIL Variété à poil long : Épais, légèrement rêche avec un sous-poil très dense et plus clair. Variété à poil court : Court, épais, légèrement rêche et droit avec un sous-poil dense et plus court • COULEUR Fauve, bringé, gris avec un masque ou le museau noir • ESPÉRANCE DE VIE 10-12 ans

Puissant et robuste, le Montagne portugais est un chien vif et fidèle avec un fort instinct de gardien. Très indépendant, il peut se montrer têtu et a besoin de l'autorité d'un maître qui connaît bien les chiens.

RACE CRÉÉE POUR protéger les troupeaux de moutons des loups.

Caractéristiques particulières
Volontaire. Possède un fort instinct de gardien.

Activité physique
Faible.

Attitude envers
SES MAÎTRES fidèle, affectueux
LES ENFANTS protecteur
LES ANIMAUX DE COMPAGNIE plutôt tolérant
LES ÉTRANGERS méfiant, comportement de chien de garde
SES CONGÉNÈRES intolérant

Propriétaire idéal
Une personne autoritaire, forte physiquement et expérimentée qui dispose d'un jardin (ou d'une cour) bien fermé pour accueillir cet animal dont l'esprit vif doit être sollicité en permanence.

Problèmes potentiels
Parfois agressif envers les étrangers et les chiens qu'il ne connaît pas. Fait parfois preuve d'hostilité envers son maître si les places de dominé et de dominant ne sont pas bien définies au sein du foyer.

Chien finnois de Laponie

réceptif • courageux • calme • fidèle • coopératif

TAILLE 41-52 cm • POIDS 20-21 kg • POIL Abondant, long et rêche avec un sous-poil doux et épais • COULEUR Toutes, dans la mesure où une couleur prévaut sur les autres • ESPÉRANCE DE VIE 11-12 ans

Originaire des pays froids, le Chien finnois supporte très mal la chaleur en été à cause de son épaisse robe. Très joueur, cet animal fidèle et coopératif avec son maître aime donner la chasse à tous ceux qui croisent son chemin.

RACE CRÉÉE POUR mener les troupeaux de rennes.

Caractéristiques particulières
Joueur. Aime courir.

Activité physique
Modérée. Adore le jeu.

Attitude envers
SES MAÎTRES fidèle, affectueux
LES ENFANTS gentil
LES ANIMAUX DE COMPAGNIE gentil, susceptible de les poursuivre
LES ÉTRANGERS gentil s'il a bien été sociabilisé
SES CONGÉNÈRES gentil s'il a bien été sociabilisé

Propriétaire idéal
Une personne facile à vivre qui dispose d'assez de temps pour dresser et jouer avec cet enthousiaste coureur.

Problèmes potentiels
Donne la chasse sitôt qu'il en a l'occasion.

⚠ La robe nécessite des soins quotidiens pour éviter les nœuds.

Berger allemand

attentif • vif • calme • fidèle • résolu • sensible • réceptif

TAILLE 58-63 cm • POIDS 34-43 kg • POIL Droit, dur et plus ou moins long avec un épais sous-poil • COULEUR Noir, selle noire avec des taches feu, dorées ou gris clair. Entièrement noir ou gris avec des taches plus claires ou brunes • ESPÉRANCE DE VIE 12-13 ans

Cette race connue de tous, peut endosser différents rôles : chien policier, chien-guide, chien de garde, etc. Fidèle et protecteur, le Berger allemand est un animal plein d'énergie, vif et obéissant qui nécessite une éducation riche en rencontres si l'on veut éviter qu'il se méfie des étrangers et de ses congénères.

RACE CRÉÉE POUR mener les troupeaux de moutons.

Caractéristiques particulières

Actif, puissant. Aime courir.

Activité physique

Importante. A besoin de longues promenades et de fréquentes séances de jeu.

> ⚠ Malgré un brossage quotidien obligatoire, ce chien sème énormément de poils dans la maison.

Attitude envers

SES MAÎTRES fidèle, affectueux
LES ENFANTS gentil, susceptible de les poursuivre en jouant
LES ANIMAUX DE COMPAGNIE gentil, susceptible de les poursuivre
LES ÉTRANGERS méfiant à moins qu'il n'ait été sociabilisé, comportement de chien de garde
SES CONGÉNÈRES gentil s'il a bien été sociabilisé

Propriétaire idéal

Une personne attentive et expérimentée qui aime entretenir une relation très proche avec son animal et se sent physiquement capable de le promener, de le dresser et de jouer avec lui quotidiennement.

Problèmes potentiels

Parfois agressif envers les étrangers et ses congénères. On rencontre surtout ce problème chez les Bergers allemands blancs. Donne la chasse sitôt qu'il en a l'occasion.

Kuvasz

hardi • courageux • protecteur • dévoué • doux • patient

TAILLE 66-75 cm • POIDS 30-52 kg • POIL Épais, légèrement ondulé, rêche et de longueur moyenne avec un sous-poil fin et laineux • COULEUR Blanc pur. La peau porte des taches gris ardoise • ESPÉRANCE DE VIE 11-13 ans • Classé dans la catégorie « chiens d'utilité » aux États-Unis

Robuste et puissant, le Kuvasz s'avère fort et protecteur. Dévoué et fidèle à son maître, ce chien peu sociable de nature doit être bien dressé afin d'accepter les étrangers et ses congénères.

RACE CRÉÉE POUR garder les troupeaux.

Caractéristiques particulières
Possède un fort instinct de gardien.

Activité physique
Modérée.

Attitude envers
SES MAÎTRES fidèle, affectueux
LES ENFANTS protecteur
LES ANIMAUX DE COMPAGNIE gentil s'ils ont grandi ensemble
LES ÉTRANGERS méfiant, comportement de chien de garde
SES CONGÉNÈRES parfois agressif

Propriétaire idéal
Une personne autoritaire, forte physiquement et expérimentée qui dispose d'un jardin (ou d'une cour) bien fermé pour accueillir cet animal puissant dont l'esprit vif doit être sollicité en permanence.

Problèmes potentiels
Parfois agressif envers les étrangers et les chiens qu'il ne connaît pas. Parfois hostile envers son maître si les places de dominé et de dominant ne sont pas bien définies au sein du foyer.

⚠ La robe qui nécessite des soins quotidiens sème énormément de poils dans la maison.

Puli

enjoué • méfiant envers les étrangers • réceptif

TAILLE 37-44 cm • POIDS 10-15 kg • POIL Extrêmement long et méché • COULEUR Noir, blanc, nuances de gris et d'abricot • ESPÉRANCE DE VIE 12-13 ans

Ce chien gai, réceptif et protecteur porte une robe méchée caractéristique qui, à l'origine, le protégeait des intempéries de son pays natal, la Hongrie. Si le Puli vit à la maison, il est conseillé de le tondre : il se sentira mieux et ne dégagera pas d'odeur désagréable.

RACE CRÉÉE POUR mener les troupeaux de moutons.

Caractéristiques particulières
Protecteur. Aime courir.

Activité physique
Importante. Apprécie le jeu.

La robe méchée protège ce chien des intempéries lorsqu'il travaille.

Attitude envers
SES MAÎTRES fidèle, affectueux
LES ENFANTS protecteur
LES ANIMAUX DE COMPAGNIE susceptible de leur donner la chasse
LES ÉTRANGERS méfiant, comportement de chien de garde
SES CONGÉNÈRES parfois agressif

Propriétaire idéal
Une personne sensible et expérimentée qui dispose d'assez de temps et d'énergie pour dresser et distraire un tel animal.

Problèmes potentiels
Aboiements intempestifs. Lorsqu'il ne se dépense pas assez, le Puli se montre agressif envers les étrangers.

⚠ Le poil de ce chien feutre s'il n'est pas méché à la main dès son plus jeune âge.

Komondor

protecteur • méfiant envers les étrangers • courageux • dévoué

TAILLE 60-80 cm • POIDS 36-61 kg • POIL Extrêmement long et méché • COULEUR Blanc • ESPÉRANCE DE VIE 12 ans • Classé dans la catégorie « chiens d'utilité » aux États-Unis

Grâce à sa vivacité et à son instinct protecteur, le Komondor fait un excellent chien de garde, fidèle et indépendant. Sa robe méchée caractéristique qui à l'origine le protégeait des rigueurs du climat de son pays natal doit être tondue si le chien vit à la maison. Ainsi, il se sentira mieux et ne dégagera aucune odeur désagréable.

RACE CRÉÉE POUR protéger les troupeaux de moutons des loups.

Caractéristiques particulières
Protecteur.

Activité physique
Modérée.

Attitude envers
SES MAÎTRES fidèle, affectueux
LES ENFANTS protecteur
LES ANIMAUX DE COMPAGNIE gentil s'ils ont grandi ensemble
LES ÉTRANGERS méfiant, comportement de chien de garde
SES CONGÉNÈRES parfois agressif

⚠ Le poil de ce chien feutre s'il n'est pas méché à la main dès son plus jeune âge.

Propriétaire idéal
Une personne sensible et expérimentée qui dispose d'assez de temps et d'énergie pour dresser cet animal et s'occuper de son pelage.

Problèmes potentiels
Parfois agressif envers les étrangers et ses congénères.

Lancashire Heeler

courageux • gai • vif • joueur • affectueux

TAILLE 26-30 cm • POIDS 3-6 kg • POIL Court, épais et dur avec un sous-poil fin • COULEUR Noir ou foie avec des taches feu soutenu • ESPÉRANCE DE VIE 12-13 ans

Le Lancashire Heeler est un excellent chien de berger à l'instinct très développé qui peut tenter d'encercler les enfants ou les chiens qui l'entourent en leur mordillant les chevilles. Joueur et vif, il déborde d'énergie et ne supporte pas l'inactivité.

RACE CRÉÉE POUR mener le bétail et attraper rats et lapins.

Caractéristiques particulières
Joueur, légèrement mordant. Aime courir.

Activité physique
Importante. Aussi actif à l'intérieur qu'à l'extérieur.

Attitude envers
SES MAÎTRES fidèle, affectueux
LES ENFANTS gentil s'il a grandi à leurs côtés, susceptible de donner des coups de dent en jouant
LES ANIMAUX DE COMPAGNIE agressif envers les petits animaux
LES ÉTRANGERS méfiant mais aimable s'il a bien été sociabilisé
SES CONGÉNÈRES aimable s'il a bien été sociabilisé

Propriétaire idéal
Une personne sensible et dynamique qui saura canaliser l'inépuisable énergie de ce petit chien grâce au jeu et à l'exercice.

Problèmes potentiels
Mordille les chevilles en jouant. Agressif envers les étrangers s'il n'a pas été correctement sociabilisé.

Berger des Abruzzes

volontaire • distant • indépendant • courageux

TAILLE 60-73 cm • POIDS 30-45 kg • POIL Long, abondant et assez rêche avec un sous-poil épais et serré • COULEUR Entièrement blanc • ESPÉRANCE DE VIE 10-12 ans

Fort, puissant et protecteur de nature, le Berger des Abruzzes doit être très tôt confronté aux humains et à d'autres chiens afin de se montrer sociable et tolérant à l'âge adulte. L'épaisse robe de cet animal distant et indépendant mue abondamment.

RACE CRÉÉE POUR protéger les moutons des loups.

Caractéristiques particulières
Très protecteur.

Activité physique
Modérée.

Attitude envers
SES MAÎTRES fidèle, affectueux
LES ENFANTS protecteur
LES ANIMAUX DE COMPAGNIE gentil s'ils ont grandi ensemble
LES ÉTRANGERS méfiant, comportement de chien de garde
SES CONGÉNÈRES parfois agressif

⚠ La robe nécessite des soins quotidiens.

Propriétaire idéal
Une personne autoritaire, forte physiquement et expérimentée qui dispose d'un jardin (ou d'une cour) bien fermé pour accueillir cet animal puissant dont l'esprit vif doit être sollicité en permanence.

Problèmes potentiels
Parfois agressif envers les étrangers et les chiens qu'il ne connaît pas. Fait parfois preuve d'hostilité envers son maître si les places de dominé et de dominant ne sont pas bien définies au sein du foyer.

Buhund norvégien

vif • courageux • énergique • indépendant • joueur • curieux

TAILLE 41-45 cm • POIDS 24-26 kg • POIL Lisse et dur avec un sous-poil doux et laineux • COULEUR Froment, noir, roux plutôt clair, gris sable • ESPÉRANCE DE VIE 12-15 ans

Utilisé à l'origine comme chien de ferme, le Buhund a conservé de cette époque son instinct de chien de berger et son incroyable énergie. Ce chien curieux, joueur et aboyeur, aime être toujours en mouvement car il s'ennuie très vite.

RACE CRÉÉE POUR mener les troupeaux de bétail et garder les fermes.

Caractéristiques particulières

Actif, joueur, protecteur. Aime courir.

Activité physique

Importante. Aime l'exercice sous toutes ses formes.

Attitude envers

SES MAÎTRES fidèle, réceptif
LES ENFANTS gentil
LES ANIMAUX DE COMPAGNIE gentil, susceptible de les poursuivre
LES ÉTRANGERS aboyeur mais aimable
SES CONGÉNÈRES gentil

Propriétaire idéal

Une personne active et sensible qui apprécie les promenades et les longues séances de jeu et de dressage.

Problèmes potentiels

Aboiements intempestifs. Aime donner la chasse à ceux qui croisent son chemin.

Bobtail

docile • hardi • fidèle • affectueux

TAILLE 56-61 cm • POIDS 29,5-30,5 kg • POIL Abondant et très rêche avec un épais sous-poil • COULEUR Toutes les nuances de gris, grisonné ou de bleu. Le corps et l'arrière-train sont de couleur unie avec ou sans marques blanches au niveau des pattes • ESPÉRANCE DE VIE 12-13 ans

Par nature gai et joueur, le Bobtail porte une robe abondante qui doit être brossée longuement chaque jour pour éviter les nœuds. Pour des raisons pratiques et pour le bien-être du chien, il est conseillé de tondre le poil en été.

RACE CRÉÉE POUR mener les troupeaux de moutons.

Caractéristiques particulières
Aime courir.

Activité physique
Modérée. Enthousiaste lorsqu'on lui propose une promenade.

⚠ La robe nécessite un long brossage quotidien. Les poils qui couvrent les yeux doivent être coupés ou attachés afin que le chien voie correctement.

Attitude envers
SES MAÎTRES fidèle, affectueux
LES ENFANTS gentil, parfois brusque avec les plus jeunes
LES ANIMAUX DE COMPAGNIE gentil, susceptible de leur donner la chasse
LES ÉTRANGERS plutôt aimable
SES CONGÉNÈRES gentil s'il a bien été sociabilisé

Propriétaire idéal
Une personne dynamique et autoritaire pouvant consacrer énormément de temps au jeu, aux promenades, au dressage et aux soins de la robe.

Problèmes potentiels
Certaines lignées se montrent très possessives, voire agressives, si l'on s'approche de leurs jouets et de leur gamelle.

Berger polonais

gai • vigilant • intelligent • perspicace • vif • calme

TAILLE 42-50 cm • POIDS 14-16 kg • POIL Long, dense, épais, hirsute et rêche avec un sous-poil doux • COULEUR Toutes • ESPÉRANCE DE VIE 13-14 ans

Lorsqu'il ne travaille pas, le Berger polonais d'ordinaire gai et agile s'ennuie. Réceptif et affectueux envers son maître, il se méfie des étrangers s'il n'a pas reçu une éducation visant à le rendre sociable.

RACE CRÉÉE POUR mener le bétail.

Caractéristiques particulières

Curieux. Aime courir.

Activité physique

Importante à modérée. Friand de jeu et d'exercice.

Attitude envers

SES MAÎTRES affectueux, réceptif
LES ENFANTS gentil s'il a bien été sociabilisé
LES ANIMAUX DE COMPAGNIE gentil, susceptible de leur donner la chasse
LES ÉTRANGERS méfiant, comportement de chien de garde
SES CONGÉNÈRES gentil s'il a bien été sociabilisé

Propriétaire idéal

Une personne active, autoritaire et assez énergique pour apporter à ce chien actif les promenades et les séances de jeu et de dressage dont il a besoin.

Problèmes potentiels

Parfois agressif envers les étrangers. Difficile à contrôler lorsqu'il manque d'exercice.

⚠ Les longs poils qui couvrent les yeux doivent être coupés ou attachés pour que le chien voie correctement.

Montagne des Pyrénées

vif • résolu • patient • calme • courageux

TAILLE 65-81 cm • POIDS 45-60 kg • POIL Moyennement long et rêche avec un sous-poil composé de poils très fins. Épaisse culotte de poils longs et laineux • COULEUR Blanc ou blanc avec des taches grises plus ou moins soutenues ou jaune clair • ESPÉRANCE DE VIE 9-11 ans • AUTRE NOM Grand Pyrénéen • Classé dans la catégorie « chiens d'utilité » aux États-Unis

Depuis de nombreuses générations, le Montagne des Pyrénées fait office de chien de compagnie, ce qui a contribué à effacer bon nombre de ses instincts de chien de berger. Cependant, il a toujours tendance à se montrer très protecteur envers les siens et nécessite une éducation ferme si l'on veut qu'il soit sociable avec les étrangers et ses congénères. La robe de cet animal puissant, fidèle et indépendant doit être brossée quotidiennement pour conserver son bel aspect.

RACE CRÉÉE POUR garder les troupeaux de moutons.

Caractéristiques particulières
Protecteur.

Activité physique
Faible. Calme à la maison.

Attitude envers
SES MAÎTRES fidèle, indépendant
LES ENFANTS protecteur
LES ANIMAUX DE COMPAGNIE gentil s'ils ont grandi ensemble
LES ÉTRANGERS méfiant, comportement de chien de garde
SES CONGÉNÈRES parfois agressif

Propriétaire idéal
Une personne expérimentée, active et autoritaire, que le brossage quotidien ne rebute pas et qui dispose d'un grand terrain où cet animal indépendant pourra se dépenser et se distraire.

Problèmes potentiels
Certaines lignées se montrent agressives envers les inconnus et leurs congénères.

⚠ Cet animal qui sème énormément de poils dans la maison doit être brossé tous les jours.

Berger des Pyrénées

vif • enjoué • méfiant envers les étrangers

TAILLE 38-48 cm • POIDS 8-15 kg • POIL Plus ou moins long • COULEUR Différentes nuances de fauve, gris clair à gris foncé, bleu merle, bleu ardoise ou bringé, noir ou noir et blanc • ESPÉRANCE DE VIE 12-13 ans

Actif, enjoué et réceptif, ce chien à l'instinct de berger très développé aime travailler. Méfiant et sensible, il lui faut une éducation riche en rencontres afin qu'il se montre sociable avec les étrangers et ses congénères.

RACE CRÉÉE POUR garder et mener les troupeaux de moutons.

Caractéristiques particulières

Coureur véloce.

Activité physique

Importante. A besoin de beaucoup de jeu et d'exercice.

Attitude envers

SES MAÎTRES affectueux, réceptif

LES ENFANTS gentil s'il a grandi à leurs côtés

LES ANIMAUX DE COMPAGNIE susceptible de les poursuivre

LES ÉTRANGERS méfiant, comportement de chien de garde

SES CONGÉNÈRES aimable s'il a bien été sociabilisé

Propriétaire idéal

Une personne active et expérimentée qui saura habituer cet animal aux humains et à ses congénères et lui apporter le jeu et l'exercice dont il a besoin.

Problèmes potentiels

Parfois agressif envers les étrangers. Donne la chasse à ceux qui croisent son chemin.

Samoyède

vif • affectueux • facile à vivre • indépendant

TAILLE 46-56 cm • POIDS 23-30 kg • POIL Dur avec un sous-poil épais, serré, doux et court • COULEUR Blanc pur, blanc et biscuit, crème avec l'extrémité des poils argentée • ESPÉRANCE DE VIE 12 ans • Classé dans la catégorie « chiens d'utilité » aux États-Unis

Originaire des pays nordiques où il menait les troupeaux de rennes, le Samoyède porte une épaisse robe qui nécessite des brossages réguliers et le rend très sensible aux chaleurs de l'été. Facile à vivre et affectueux, il lui arrive de se montrer désobéissant, car il est très indépendant de nature.

⚠ L'épaisse robe doit être brossée quotidiennement. Ce chien qui tolère très mal la chaleur sème énormément de poils dans la maison.

RACE CRÉÉE POUR mener et garder les troupeaux de rennes.

Caractéristiques particulières
Gai. Aime courir.

Activité physique
Modérée. Apprécie l'exercice en compagnie de son maître.

Attitude envers
SES MAÎTRES affectueux, indépendant
LES ENFANTS gentil
LES ANIMAUX DE COMPAGNIE gentil
LES ÉTRANGERS aimable
SES CONGÉNÈRES aimable

Propriétaire idéal
Une famille sociable et facile à vivre qui saura apprécier le tempérament indépendant et attachant de cet animal.

Berger des Shetland

vif • doux • actif • affectueux • réceptif • réservé

TAILLE 36-37 cm • POIDS 6-7 kg • POIL Long, rêche et droit avec un sous-poil court et doux. Crinière et plastron très fournis, longues franges sur les membres antérieurs • COULEUR Fauve, tricolore, bleu merle, noir et blanc, noir et feu • ESPÉRANCE DE VIE 13-14 ans

Ce petit berger sensible et réservé, parfois même timide et craintif, est très proche de son maître avec qui il se montre doux et affectueux. Sa robe nécessite des soins quotidiens si l'on veut éviter qu'elle ne s'emmêle.

RACE CRÉÉE POUR mener les troupeaux de moutons.

Caractéristiques particulières
Doux, réservé, sensible.

Activité physique
Modérée. Accepte avec enthousiasme les promenades.

Attitude envers
SES MAÎTRES affectueux, réceptif
LES ENFANTS timide avec les enfants turbulents
LES ANIMAUX DE COMPAGNIE gentil, susceptible de leur donner la chasse
LES ÉTRANGERS réservé, timide
SES CONGÉNÈRES réservé

Propriétaire idéal
Une personne douce et dynamique qui recherche un animal sensible et dévoué et qui dispose d'assez de temps pour s'occuper quotidiennement de son pelage.

Problèmes potentiels
Aboie lorsqu'il est seul. Peut développer une phobie du bruit.

⚠ L'épaisse robe doit être brossée chaque jour pour éviter les nœuds.

Chien suédois de Laponie

patient • gentil • aimable • dévoué • enjoué • vif • indépendant

TAILLE 40-51 cm • POIDS 19,5-20,5 kg • POIL Épais et de longueur moyenne formant une collerette. Plus long au niveau du plastron, de la culotte et de la queue avec un sous-poil dense et légèrement bouclé • COULEUR Marron, noir, brun • ESPÉRANCE DE VIE 12-13 ans

Dressé à garder et mener les troupeaux de rennes, le Chien suédois de Laponie porte une épaisse robe qui le protège des intempéries des pays nordiques, mais qui s'avère trop chaude en été. Enjoué et indépendant, cet animal actif et curieux a tendance à aboyer.

RACE CRÉÉE POUR garder et mener les troupeaux de rennes.

Caractéristiques particulières
Actif, curieux, énergique.

Activité physique
Importante. Apprécie l'exercice.

Attitude envers
SES MAÎTRES affectueux, réceptif
LES ENFANTS gentil
LES ANIMAUX DE COMPAGNIE gentil
LES ÉTRANGERS aboyeur mais aimable
SES CONGÉNÈRES aimable

Propriétaire idéal
Une personne active qui pourra passer du temps à jouer avec ce chien énergique, indépendant et un peu têtu.

Problèmes potentiels
Aboie surtout lorsqu'il est seul.

⚠ L'épaisse robe nécessite des soins quotidiens.

Spitz des Visigoths

vigilant • vif • énergique • aimable • dévoué • courageux

TAILLE 31-35 cm • POIDS 11,5-16 kg • POIL Dur et de longueur moyenne avec un sous-poil doux, abondant et laineux • COULEUR Gris acier, gris brun, gris jaune, roux tirant sur le jaune, brun roux • ESPÉRANCE DE VIE 12-14 ans

Utilisé pour mener le bétail, ce Spitz fort, joueur et vigoureux a tendance à mordiller les chevilles lorsqu'il est excité. Il se sent bien en compagnie d'un maître sachant canaliser sa fougue et ses petits travers grâce au jeu.

RACE CRÉÉE POUR garder et mener le bétail et exterminer la vermine dans les fermes.

Caractéristiques particulières
Énergique, joueur.

Activité physique
Importante. Son inépuisable énergie doit être canalisée.

Attitude envers
SES MAÎTRES affectueux, indépendant
LES ENFANTS gentil, susceptible de donner de petits coups de dent en jouant
LES ANIMAUX DE COMPAGNIE parfois agressif
LES ÉTRANGERS gentil s'il a bien été sociabilisé
SES CONGÉNÈRES agressif

Propriétaire idéal
Une personne active et expérimentée qui dispose d'assez de temps libre pour distraire, promener et dresser son compagnon.

Problèmes potentiels
Susceptible de donner de petits coups de dent en jouant et de s'attaquer aux étrangers.

Welsh Corgi Cardigan

vif • actif • calme • résolu

TAILLE 27-30 cm • POIDS 11-17 kg • POIL Droit, rêche et de longueur moyenne avec un épais sous-poil • COULEUR Toutes avec ou sans marques blanches • ESPÉRANCE DE VIE 12-14 ans

Un peu plus sociable que son cousin le Corgi Pembroke, le Corgi Cardigan possède à l'inverse de ce dernier une longue queue. Réservé avec les étrangers, ce petit chien courageux et déterminé se montre joueur et indépendant avec ses maîtres.

RACE CRÉÉE POUR mener le bétail.

Caractéristiques particulières
Courageux, déterminé.

Activité physique
Modérée.

Attitude envers
SES MAÎTRES affectueux, indépendant
LES ENFANTS gentil, susceptible de mordiller les chevilles en jouant
LES ANIMAUX DE COMPAGNIE gentil, susceptible de leur donner la chasse
LES ÉTRANGERS réservé
SES CONGÉNÈRES gentil s'il a bien été sociabilisé

Propriétaire idéal
Une personne facile à vivre et expérimentée qui saura maîtriser grâce au dressage le mordant de cet animal et qui lui apportera l'exercice et le jeu dont il a besoin.

Problèmes potentiels
Susceptible de mordiller les chevilles en jouant et de s'attaquer aux étrangers.

Welsh Corgi Pembroke

hardi • extraverti • vif • actif • calme • résolu

TAILLE 25-30 cm • POIDS 9-12 kg • POIL Droit et de longueur moyenne avec un épais sous-poil • COULEUR Roux, sable, fauve, noir et feu • ESPÉRANCE DE VIE 12-14 ans

Le Pembroke naît sans queue mais avec un caractère particulièrement entêté, déterminé et insouciant. Réservé avec les étrangers, il fait un bon chien de garde qui a tendance à mordre pour protéger ce qui lui appartient s'il n'a pas été correctement sociabilisé.

RACE CRÉÉE POUR mener le bétail.

Caractéristiques particulières
Courageux, déterminé.

Activité physique
Modérée.

Attitude envers
SES MAÎTRES affectueux, indépendant
LES ENFANTS gentil, susceptible de mordiller les chevilles en jouant
LES ANIMAUX DE COMPAGNIE gentil, susceptible de leur donner la chasse
LES ÉTRANGERS réservé
SES CONGÉNÈRES gentil s'il a bien été sociabilisé

Propriétaire idéal
Une personne facile à vivre et expérimentée qui saura maîtriser grâce au dressage le mordant de cet animal et qui lui apportera l'exercice et le jeu dont il a besoin.

Problèmes potentiels
Susceptible de mordiller les chevilles en jouant et de s'attaquer aux étrangers.

Airedale-terrier

extraverti • résolu • aimable • courageux • tenace • têtu

TAILLE 56-61 cm • POIDS 20-23 kg • POILS Dur, dense et rêche avec un sous-poil plus court et plus doux • COULEUR Feu avec la selle, la nuque et l'extérieur de la queue noirs • ESPÉRANCE DE VIE 10-13 ans

Fougueux, excitable et courageux, l'Airedale-terrier se montre indépendant et néanmoins affectueux envers son maître. Une éducation visant à développer sa sociabilité s'impose pour que ce grand terrier se comporte correctement avec ses congénères.

RACE CRÉÉE POUR chasser et tuer le blaireau et la loutre.

Caractéristiques particulières
Fougueux, excitable.

Activité physique
Importante. Le plus grand des terriers a besoin de beaucoup d'exercice.

Attitude envers
SES MAÎTRES affectueux, indépendant
LES ENFANTS gentil s'il a grandi à leurs côtés
LES ANIMAUX DE COMPAGNIE susceptible de tuer les petits animaux et de blesser les chats qu'il ne connaît pas
LES ÉTRANGERS aimable s'il a bien été sociabilisé
SES CONGÉNÈRES parfois agressif

Propriétaire idéal
Une personne habituée à posséder un chien, active et autoritaire qui dispose d'assez de temps pour la promenade et le jeu avec cet animal indépendant et puissant.

⚠ La robe doit être brossée et toilettée régulièrement.

Problèmes potentiels
Difficile à contrôler si son propriétaire n'a pas su gagner sa confiance.

Staffordshire terrier américain

fidèle • obéissant • fougueux • tenace • indépendant • affectueux

TAILLE 43-48 cm • POIDS 18-23 kg • POILS Court et lustré • COULEUR Toutes • ESPÉRANCE DE VIE 12 ans

Plus grand et plus lourd que son ancêtre anglais, le Staffordshire terrier américain est fougueux et tenace de nature. Très excitable, il lui faut une éducation riche en rencontres afin de s'assurer que la puissance de sa mâchoire ne posera aucun problème dans ses rapports avec ses congénères.

RACE CRÉÉE POUR participer à des combats contre des taureaux et d'autres chiens.

Caractéristiques particulières

Très excitable. Ce chien à la mâchoire extrêmement puissante ne relâche jamais sa proie une fois qu'il l'a mordue.

Activité physique

Importante. Très actif, adore l'exercice.

Attitude envers

SES MAÎTRES affectueux, tendre

LES ENFANTS gentil s'il a grandi à leurs côtés, trop mordant quand il joue avec les plus jeunes

LES ANIMAUX DE COMPAGNIE susceptible de tuer les petits animaux et de blesser les chats qu'il ne connaît pas

LES ÉTRANGERS plutôt aimable

SES CONGÉNÈRES assez agressif à moins qu'il n'ait été sociabilisé

Propriétaire idéal

Une personne expérimentée, active et autoritaire qui dispose d'assez de temps et de savoir-faire pour dresser cet animal, et qui pourra lui apporter l'affection, l'exercice et le jeu dont il a besoin.

Problèmes potentiels

Parfois agressif envers les autres chiens.

Les oreilles de ce chien ont été coupées pour qu'il puisse les porter dressées. Cette intervention est illégale dans certains pays.

Terrier australien

vif • actif • fidèle • aimable • extraverti • obéissant • courageux

TAILLE 24,5-25,5 cm • POIDS 5-6,5 kg • POILS Dur, droit et dense avec un sous-poil doux et court • COULEUR Bleu, sable ou roux • ESPÉRANCE DE VIE 14 ans

Le Terrier australien est un travailleur extrêmement énergique et facilement excité par les mouvements rapides. L'activité et l'exercice sont indispensables au bien-être de ce chasseur vif et courageux.

RACE CRÉÉE POUR chasser et tuer les rats.

Caractéristiques particulières
Rapide, vif, sensible aux mouvements rapides, très excitable.

Activité physique
Importante. A besoin de beaucoup d'exercice pour dépenser son trop-plein d'énergie.

Attitude envers
SES MAÎTRES affectueux, docile
LES ENFANTS gentil s'il a grandi à leurs côtés
LES ANIMAUX DE COMPAGNIE susceptible de tuer les petits animaux et de blesser les chats qu'il ne connaît pas
LES ÉTRANGERS gentil
SES CONGÉNÈRES parfois agressif

Propriétaire idéal
Une personne expérimentée qui saura canaliser l'énergie débordante de ce chien grâce au jeu et aux promenades.

Problèmes potentiels
Agressif envers les autres chiens s'il n'a pas été correctement sociabilisé.

Bedlington terrier

fougueux • calme • résolu • affectueux • fier • courageux

TAILLE 38-43 cm • POIDS 8-10 kg • POILS Épais et cotonneux • COULEUR Bleu, foie, sable avec ou sans feu • ESPÉRANCE DE VIE 14-15 ans

Ce chien à la silhouette gracieuse rappelant celle de l'agneau se montre calme et doux avec son maître, et parfois fougueux et joueur quand il en a l'occasion. Réservé avec les étrangers, le Bedlington terrier doit être habitué très tôt au contact avec les humains et les animaux pour se sentir à son aise.

RACE CRÉÉE POUR chasser et tuer rats et blaireaux.

Caractéristiques particulières

Fougueux, tenace, excitable.

Activité physique

Importante. Aime l'exercice en plein air, calme à la maison.

Attitude envers

SES MAÎTRES affectueux, docile
LES ENFANTS gentil s'il a grandi à leurs côtés
LES ANIMAUX DE COMPAGNIE susceptible de tuer les petits animaux et de blesser les chats qu'il ne connaît pas
LES ÉTRANGERS réservé
SES CONGÉNÈRES gentil s'il a bien été sociabilisé

Propriétaire idéal

Une personne dynamique et calme qui pourra apporter à ce chien « déguisé en agneau » tout l'exercice et le jeu dont il a besoin.

⚠ La robe doit être brossée et toilettée régulièrement.

Border terrier

actif • sensible • gentil • affectueux • dévoué

TAILLE 25-28 cm • POIDS 5-7 kg • POILS Dur et dense avec un sous-poil serré • COULEUR Rouge, froment, grisonné et feu, bleu et feu • ESPÉRANCE DE VIE 13-14 ans

Doux et affectueux, le Border terrier apprécie autant les longues promenades que les après-midi au coin du feu. Vif et joueur, il se montre en général aimable et placide avec les étrangers et ses congénères. Il fait un excellent chien de garde qui, en outre, aboie peu.

RACE CRÉÉE POUR tuer les rats et déterrer les renards.

Caractéristiques particulières
Vif, excitable, joueur.

Activité physique
Modérée. Apprécie l'exercice mais n'est pas demandeur.

Attitude envers
SES MAÎTRES affectueux, fidèle
LES ENFANTS gentil
LES ANIMAUX DE COMPAGNIE agressif envers les petits animaux
LES ÉTRANGERS gentil
SES CONGÉNÈRES gentil s'il a bien été sociabilisé

Propriétaire idéal
Une famille facile à vivre qui ne possède pas de petits animaux et qui recherche un chien doux avec qui jouer et se promener.

✔ Recommandé aux propriétaires novices qui ne possèdent pas de petits animaux de compagnie. La robe doit être épilée à la main *(stripping)* tous les six mois.

Bull-terrier

courageux • fougueux • tenace • obsessionnel • obstiné

TAILLE 53-56 cm • POIDS 24-28 kg • POILS Court, plat et lustré • COULEUR Blanc, noir, bringé, rouge, fauve, tricolore • ESPÉRANCE DE VIE 11-13 ans

Le Bull-terrier est un animal extraverti, fort et courageux qui possède une mâchoire très puissante. Avec son seuil de tolérance à la douleur très élevé et son mordant, il lui arrive d'être brutal pendant le jeu. Pour éviter tout accident, il est important de bien l'éduquer et de le dresser afin qu'il acquière une sociabilité acceptable. En règle générale, ce chien se montre aimable avec les humains, mais doit être habitué très tôt au contact de ses congénères si l'on veut qu'il les tolère.

RACE CRÉÉE POUR participer à des combats de chiens.

Caractéristiques particulières

Tenace, courageux, très mordant.

Activité physique

Modérée. Ses explosions d'énergie sont imprévisibles.

Attitude envers

SES MAÎTRES affectueux, dévoué

LES ENFANTS gentil s'il a grandi à leurs côtés

LES ANIMAUX DE COMPAGNIE susceptible de tuer les petits animaux et de blesser les chats qu'il ne connaît pas

LES ÉTRANGERS gentil s'il a bien été sociabilisé

SES CONGÉNÈRES parfois agressif. Une éducation riche en rencontres est indispensable.

Propriétaire idéal

Une personne expérimentée et active qui dispose d'assez de temps et d'énergie pour promener, distraire et dresser cet animal puissant et attachant.

Problèmes potentiels

Agressif envers ses congénères s'il n'a pas été correctement sociabilisé. Certaines lignées développent des troubles compulsifs et répétitifs (courir après sa queue, etc.). Le Bull-terrier montre un comportement destructeur lorsqu'il ne se dépense pas assez.

⚠ Les jours de grand soleil, les chiens blancs ont besoin d'une protection pour éviter que les parties de peau rose exposées aux ultraviolets ne soient sévèrement brûlées.

Bull-terrier miniature

courageux • fougueux • tenace • joueur • obsessionnel • obstiné

TAILLE 25-35 cm • POIDS 11-15 kg • POILS Court, plat et lustré • COULEUR Blanc, noir, bringé, rouge, fauve, tricolore • ESPÉRANCE DE VIE 11-13 ans

Cette version miniature du Bull-terrier possède la même fougue et la même détermination que son grand frère. Avec son seuil de tolérance à la douleur très élevé et son mordant, il lui arrive d'être brutal pendant le jeu. Pour éviter tout accident, il est important de bien l'éduquer et de le dresser afin qu'il acquière une sociabilité acceptable. En règle générale, ce chien se montre aimable avec les humains, mais doit être habitué très tôt au contact de ses congénères si l'on veut qu'il les tolère.

RACE CRÉÉE POUR participer à des combats de chiens et tuer les rats.

Caractéristiques particulières

Tenace, courageux, très mordant.

Activité physique

Modérée. Ses explosions d'énergie sont imprévisibles.

⚠ Les jours de grand soleil, les chiens blancs ont besoin d'une protection pour éviter que les parties de peau rose exposées aux ultraviolets ne soient sévèrement brûlées.

Attitude envers

SES MAÎTRES affectueux, dévoué, indépendant

LES ENFANTS gentil s'il a grandi à leurs côtés

LES ANIMAUX DE COMPAGNIE susceptible de tuer les petits animaux et de blesser les chats qu'il ne connaît pas

LES ÉTRANGERS gentil s'il a bien été sociabilisé

SES CONGÉNÈRES parfois agressif.

Propriétaire idéal

Une personne expérimentée et active qui dispose d'assez de temps et d'énergie pour promener, distraire et dresser cet animal déterminé.

Problèmes potentiels

Agressif envers ses congénères s'il n'a pas été correctement sociabilisé. Certaines lignées développent des troubles compulsifs et répétitifs (courir après sa queue, etc.). Le Bull-terrier montre un comportement destructeur lorsqu'il ne se dépense pas assez.

Cairn terrier

courageux • tenace • sensible • résolu • fougueux • têtu

TAILLE 28-31 cm • POIDS 6-7,5 kg • POILS Dur et abondant, avec un sous-poil doux et court • COULEUR Crème, froment, rouge, gris ou presque noir • ESPÉRANCE DE VIE 14-15 ans

Très vif et curieux, le Cairn terrier est un animal résolu, fougueux et joueur qui se montre, en général, aimable avec tous. En revanche, s'il se sent menacé, il n'hésitera pas à se défendre. Actif et énergique à la maison, il s'intéresse toujours aux activités de son maître.

RACE CRÉÉE POUR chasser et tuer le renard, la loutre et la belette dans les monticules de pierres *(cairns)* des fermes écossaises.

Caractéristiques particulières
Vif, curieux, mordant.

Activité physique
Modérée. Actif à la maison comme en promenade.

Attitude envers
SES MAÎTRES affectueux, dévoué
LES ENFANTS gentil s'il a grandi à leurs côtés
LES ANIMAUX DE COMPAGNIE susceptible de tuer les petits animaux qu'il ne connaît pas
LES ÉTRANGERS gentil
SES CONGÉNÈRES gentil s'il a bien été sociabilisé

Propriétaire idéal
Une personne entourée de voisins tolérants, patiente et aimant s'amuser, et qui dispose d'assez de temps pour se promener et jouer avec ce chien énergique.

Problèmes potentiels
Aboiements intempestifs. Lorsque ce chien manque d'exercice, il se met à creuser. Très possessif envers ses jouets et sa gamelle.

Terrier tchèque

hardi • robuste • fougueux • obstiné • têtu • curieux

TAILLE 28-35,5 cm • POIDS 7-8 kg • POILS Ondulé et lustré • COULEUR Gris-bleu ou café • ESPÉRANCE DE VIE 12-14 ans

Curieux de nature, le Terrier tchèque est un très bon chien de garde dévoué à son maître, mais plutôt réservé avec les inconnus. Courageux et fougueux, il nécessite une éducation qui développe très tôt sa sociabilité afin qu'il tolère à l'âge adulte les humains et ses congénères.

RACE CRÉÉE POUR déterrer et tuer rats et renards.

Caractéristiques particulières
Mordant, excitable.

Activité physique
Modérée. Aime faire de l'exercice en compagnie de son maître.

Attitude envers
SES MAÎTRES affectueux, dévoué
LES ENFANTS gentil s'il a grandi à leurs côtés
LES ANIMAUX DE COMPAGNIE susceptible de tuer les petits animaux et de blesser les chats qu'il ne connaît pas
LES ÉTRANGERS réservé
SES CONGÉNÈRES gentil s'il a bien été sociabilisé

Propriétaire idéal
Une personne douce et dynamique qui dispose d'assez de temps pour habituer très tôt cet animal au contact des humains et des animaux et lui apporter l'exercice et le jeu dont il a besoin.

Problèmes potentiels
Mordant avec les étrangers s'il n'a pas été correctement sociabilisé. Lorsqu'il ne se dépense pas assez, le Terrier tchèque se met à creuser et à se comporter de façon destructrice.

⚠ La robe doit être régulièrement brossée et toilettée.

Dandie Dinmont terrier

tenace • têtu • indépendant • sensible • affectueux • calme • facile à vivre

TAILLE 20-28 cm • POIDS 8-11 kg • POILS Dur avec un sous-poil doux et cotonneux • COULEUR Poivre ou moutarde • ESPÉRANCE DE VIE 15-16 ans

Indépendant et parfois un peu têtu, le Dandie Dinmont terrier est un chien affectueux, fidèle envers son maître, mais réservé avec les étrangers. Cet animal courageux et très excitable doit recevoir très tôt une éducation riche en rencontres si l'on veut qu'il soit sociable à l'âge adulte.

RACE CRÉÉE POUR déterrer et tuer renards, belettes, blaireaux et rats.

Caractéristiques particulières
Courageux, excitable, mordant.

Activité physique
Faible. Très joueur.

Attitude envers
SES MAÎTRES affectueux, fidèle
LES ENFANTS gentil s'il a grandi à leurs côtés
LES ANIMAUX DE COMPAGNIE susceptible de tuer les petits animaux et de blesser les chats qu'il ne connaît pas
LES ÉTRANGERS réservé
SES CONGÉNÈRES gentil s'il a bien été sociabilisé

Propriétaire idéal
Une personne expérimentée, affectueuse et autoritaire qui appréciera le caractère joueur de cet animal obstiné et protecteur et qui pourra lui accorder assez d'attention.

Problèmes potentiels
Parfois agressif envers les étrangers s'il n'a pas été correctement sociabilisé. Fait parfois preuve d'hostilité envers son maître si les places de dominé et de dominant ne sont pas bien définies au sein du foyer.

Fox-terrier

Vif, curieux et actif, le Fox-terrier est un bon chien de garde qui ne doit jamais manquer d'activité sous peine de le voir multiplier les bêtises. Indépendant et pourtant affectueux avec son maître, ce chien extraverti se montre en général aimable envers les étrangers, mais nécessite une éducation qui développe très tôt sa sociabilité afin qu'il tolère ses congénères. La prudence est de mise lorsqu'il est en compagnie de petits animaux, car son instinct de ratier est extrêmement prononcé.

Fox-terrier à poil ras

vif • rapide • enthousiaste • affectueux • extraverti • obstiné • curieux

TAILLE 38,5-39,5 cm • POIDS 7-8 kg • POILS Lisse et dur • COULEUR Le blanc doit être prédominant, entièrement blanc, blanc et feu, noir et feu ou à taches noires • ESPÉRANCE DE VIE 13-14 ans

RACE CRÉÉE POUR chasser le renard et tuer rats et lapins.

Caractéristiques particulières
Vif, excitable, mordant.

Activité physique
Importante. Aussi actif à la maison qu'en promenade.

Attitude envers
SES MAÎTRES affectueux, indépendant
LES ENFANTS gentil s'il a grandi à leurs côtés
LES ANIMAUX DE COMPAGNIE susceptible de tuer les petits animaux et de blesser les chats qu'il ne connaît pas
LES ÉTRANGERS gentil s'il a bien été sociabilisé, comportement de chien de garde
SES CONGÉNÈRES agressif à moins qu'il n'ait été sociabilisé

Propriétaire idéal
Une personne expérimentée, autoritaire, dynamique et aimant jouer qui saura apprécier l'énergie de cet animal actif et curieux.

Problèmes potentiels
Aboiements intempestifs. Agressif envers les autres animaux. Tendance à creuser ou à s'enfuir s'il ne fait pas assez d'exercice.

Fox-terrier à poil dur

vif • rapide • enthousiaste • affectueux • extraverti • obstiné • curieux

TAILLE 38,5-39,5 cm • POIDS 7-8 kg • POILS Dense et très rêche au toucher • COULEUR Le blanc doit être prédominant, entièrement blanc, blanc et feu, noir et feu ou à taches noires • ESPÉRANCE DE VIE 13-14 ans

Ce Fox-terrier est la version à poil dur du Fox-terrier à poil ras. Il possède le même tempérament et les mêmes caractéristiques.

RACE CRÉÉE POUR chasser le renard et tuer rats et lapins.

Caractéristiques particulières
Vif, excitable, mordant.

Activité physique
Importante. Aussi actif à la maison qu'en promenade.

Attitude envers
SES MAÎTRES affectueux, indépendant
LES ENFANTS gentil s'il a grandi à leurs côtés
LES ANIMAUX DE COMPAGNIE susceptible de tuer les petits animaux et de blesser les chats qu'il ne connaît pas
LES ÉTRANGERS gentil s'il a bien été sociabilisé, comportement de chien de garde
SES CONGÉNÈRES agressif à moins qu'il n'ait été sociabilisé

Propriétaire idéal
Une personne expérimentée, autoritaire, dynamique et aimant jouer qui saura apprécier l'énergie de cet animal actif et curieux.

Problèmes potentiels
Aboiements intempestifs. Agressif envers les autres animaux. Tendance à creuser ou à s'enfuir s'il ne fait pas assez d'exercice.

Terrier Glen d'Imaal

actif • fougueux • courageux • calme • indépendant

TAILLE 35-36 cm • POIDS 15,5-16,5 kg • POILS Rêche et de longueur moyenne avec un sous-poil doux • COULEUR Bleu, bringé, froment (toutes les nuances) • ESPÉRANCE DE VIE 13-14 ans

Cette race courageuse et tenace ne recule jamais devant le danger et se montre affectueuse, indépendante et fidèle à son maître. Le Terrier Glen d'Imaal étant assez excitable, il convient de l'habituer très tôt à ses congénères afin qu'il se montre tolérant.

RACE CRÉÉE POUR chasser et tuer le renard et le blaireau.

Caractéristiques particulières
Vif, excitable, mordant.

Activité physique
Importante. Adore l'exercice.

Attitude envers
SES MAÎTRES affectueux, fidèle
LES ENFANTS gentil s'il a grandi à leurs côtés
LES ANIMAUX DE COMPAGNIE susceptible de tuer les petits animaux et de blesser les chats qu'il ne connaît pas
LES ÉTRANGERS gentil s'il a bien été sociabilisé
SES CONGÉNÈRES souvent agressif

Propriétaire idéal
Une personne expérimentée et dynamique qui pourra apporter à ce petit animal actif, fougueux et indépendant, l'exercice et le jeu dont il a besoin.

Problèmes potentiels
Parfois agressif envers ses congénères.

Terrier irlandais

insouciant • affectueux • courageux • dévoué • aimable

TAILLE 46-48 cm • POIDS 11-12 kg • POILS Dur et rêche • COULEUR Roux, roux/froment, jaune/roux • ESPÉRANCE DE VIE 13 ans

Petit cousin de l'Airedale, le Terrier irlandais est non seulement aimable envers son maître, mais aussi avec les étrangers. Il faut s'inquiéter très tôt de la sociabilité de ce chien, car avec sa nature fougueuse et excitable, il a tendance à réagir très rapidement et à se montrer agressif envers ses congénères.

RACE CRÉÉE POUR chasser et tuer rats et lapins.

Caractéristiques particulières

Rapide, curieux, mordant.

Activité physique

Importante. A besoin de beaucoup d'exercice dans un espace dépourvu de danger.

Attitude envers

SES MAÎTRES affectueux, fidèle
LES ENFANTS gentil s'il a grandi à leurs côtés
LES ANIMAUX DE COMPAGNIE susceptible de tuer les petits animaux et de blesser les chats qu'il ne connaît pas
LES ÉTRANGERS comportement de chien de garde
SES CONGÉNÈRES très agressif à moins qu'il n'ait été sociabilisé

Propriétaire idéal

Une personne expérimentée, active et autoritaire qui dispose d'assez de temps et de savoir pour habituer très tôt ce chien au contact des humains et des animaux et pour lui apporter l'exercice et le jeu dont il a besoin.

Problèmes potentiels

Souvent agressif envers ses congénères et les étrangers.

Terrier Jack Russell

actif • résistant • courageux • tenace • indépendant • fougueux • extraverti

TAILLE 23-26 cm • POIDS 4-7 kg • POILS Droit ou dur • COULEUR Toutes • ESPÉRANCE DE VIE 12-18 ans

Le caractère actif, curieux et extraverti de cette race très répandue rencontre de nos jours un franc succès. Assez excitable, le Terrier Jack Russel ne recule jamais devant le danger et doit être confronté très jeune aux enfants, aux adultes et à d'autres chiens afin d'être sociable.

RACE CRÉÉE POUR chasser et tuer rats et souris.

Caractéristiques particulières
Vif, excitable, mordant.

Activité physique
Importante. A besoin d'énormément d'exercice.

Attitude envers
SES MAÎTRES affectueux, fidèle
LES ENFANTS gentil s'il a grandi à leurs côtés
LES ANIMAUX DE COMPAGNIE susceptible de tuer les petits animaux et de blesser les chats qu'il ne connaît pas
LES ÉTRANGERS gentil s'il a bien été sociabilisé
SES CONGÉNÈRES agressif à moins qu'il n'ait été sociabilisé

Propriétaire idéal
Une personne expérimentée, active et autoritaire qui dispose d'assez de temps et de savoir pour habituer très tôt cet animal au contact des humains et des animaux et pour lui apporter l'exercice et le jeu dont il a besoin.

Problèmes potentiels
Souvent agressif envers les étrangers et ses congénères. Assez mordant.

Kerry Blue terrier

vif • déterminé • tenace • courageux • joueur • actif

TAILLE 46-48 cm • POIDS 15-17 kg • POILS Ondulé et soyeux sans sous-poil. Ne mue pas • COULEUR Toutes les nuances de bleu avec ou sans points noirs • ESPÉRANCE DE VIE 14 ans

Vif, actif et curieux, le Kerry Blue terrier se montre dévoué et joueur avec son maître et les personnes qu'il connaît. Plus réservé avec les inconnus, il fait un bon chien de garde qui doit être, en revanche, habitué très tôt à la compagnie d'autres chiens pour éviter les comportements agressifs.

RACE CRÉÉE POUR chasser et tuer rats et lapins.

Attitude envers

SES MAÎTRES affectueux, dévoué

LES ENFANTS gentil, protecteur

LES ANIMAUX DE COMPAGNIE susceptible de tuer les petits animaux et de blesser les chats qu'il ne connaît pas

LES ÉTRANGERS réservé, comportement de chien de garde

SES CONGÉNÈRES souvent agressif à moins qu'il n'ait été sociabilisé

Propriétaire idéal

Une personne dynamique et expérimentée qui saura canaliser l'incroyable énergie de cet animal.

Problèmes potentiels

Fait parfois preuve d'hostilité envers son maître si les places de dominé et de dominant ne sont pas bien définies au sein du foyer.

⚠ La robe doit être régulièrement brossée et toilettée.

Caractéristiques particulières

Vif, excitable, mordant.

Activité physique

Importante. Joueur et débordant d'énergie.

Lakeland terrier

enthousiaste • rapide • affectueux • résolu • courageux • tenace • indépendant

TAILLE 33-37 cm • POIDS 7-8 kg • POILS Dense, dur et imperméable avec un épais sous-poil
• COULEUR Noir et feu, bleu et feu, roux, froment, roux grisonné, foie, bleu, noir
• ESPÉRANCE DE VIE 13-14 ans

Le Lakeland terrier est un chien dynamique, vif et enthousiaste qui trouve toujours de quoi s'occuper quand il s'ennuie. Plus tolérant avec ses congénères que la plupart des Terriers, il se montre aimable avec les étrangers et les autres chiens lorsqu'il a été correctement sociabilisé.

RACE CRÉÉE POUR chasser et tuer lapins, souris et rats.

Attitude envers

SES MAÎTRES affectueux, fidèle
LES ENFANTS gentil, protecteur
LES ANIMAUX DE COMPAGNIE susceptible de tuer les petits animaux et de blesser les chats qu'il ne connaît pas
LES ÉTRANGERS aimable s'il a bien été sociabilisé
SES CONGÉNÈRES gentil s'il a bien été sociabilisé

Propriétaire idéal

Une personne active qui recherche un chien avec qui partager des jeux, des promenades et de nombreuses autres activités.

Problèmes potentiels

Souvent agressif envers ses congénères à moins qu'il n'ait été correctement sociabilisé.

Caractéristiques particulières

Vif, excitable, mordant.

Activité physique

Importante. Très énergique, adore l'exercice.

Terrier de Manchester

enthousiaste • vif • perspicace • déterminé • tenace • dévoué

TAILLE 38-41 cm • POIDS 5-10 kg • POILS Serré, lisse et lustré • COULEUR Noir profond et feu très soutenu • ESPÉRANCE DE VIE 13-14 ans

D'une propreté comparable à celle du chat, le Terrier de Manchester paraît fragile et, pourtant, il s'avère particulièrement robuste et déterminé. Curieux et actif, il n'a rien perdu de son instinct de chasseur et se montre méfiant et distant avec les étrangers. Avec son maître en revanche, il devient un compagnon dévoué et affectueux.

RACE CRÉÉE POUR chasser et tuer rats et lapins.

Contrairement à son petit cousin le Toy terrier, le Terrier de Manchester a les oreilles tombantes.

Caractéristiques particulières

Vif, excitable, mordant.

Activité physique

Modérée. Actif et joueur.

Attitude envers

SES MAÎTRES affectueux, dévoué
LES ENFANTS gentil s'il a grandi à leurs côtés
LES ANIMAUX DE COMPAGNIE susceptible de tuer les petits animaux et de blesser les chats qu'il ne connaît pas
LES ÉTRANGERS méfiant, distant
SES CONGÉNÈRES gentil s'il a bien été sociabilisé

Propriétaire idéal

Une personne douce et expérimentée qui saura apprécier la nature joueuse et indépendante de cet animal qui doit être distrait et promené régulièrement.

Problèmes potentiels

Aboiements intempestifs. Le manque d'exercice entraîne souvent des fugues.

Terrier du Norfolk

vif • facile à vivre • tenace • courageux • indépendant • joyeux

TAILLE 24-25 cm • POIDS 5-5,5 kg • POILS Rigide, rêche, droit et de longueur moyenne • COULEUR Toutes les nuances de roux, froment, noir et feu, grisonnant • ESPÉRANCE DE VIE 14 ans

La seule chose qui différencie le Terrier du Norfolk du Terrier du Norwich, ce sont ses oreilles tombantes qui lui donnent un air plus doux. Ce petit chasseur fougueux fait un bon chien de garde réceptif et fidèle à son maître. Généralement aimable envers les étrangers et ses congénères, il doit tout de même être correctement sociabilisé.

RACE CRÉÉE POUR chasser et tuer les rats.

Caractéristiques particulières
Vif, excitable, mordant.

Activité physique
Modérée. Aime les jeux très énergiques.

Attitude envers
SES MAÎTRES affectueux, fidèle
LES ENFANTS gentil s'il a grandi à leurs côtés
LES ANIMAUX DE COMPAGNIE susceptible de tuer les petits animaux et de blesser les chats qu'il ne connaît pas
LES ÉTRANGERS aimable
SES CONGÉNÈRES aimable s'il a bien été sociabilisé

Propriétaire idéal
Une personne dynamique et facile à vivre, capable d'apporter à ce petit chien indépendant et extraverti les séances de jeu et d'exercice dont il a besoin.

⚠ La robe doit être épilée à la main *(stripping)* ou toilettée deux fois par an.

Terrier du Norwich

vif • facile à vivre • tenace • courageux • indépendant • joyeux

TAILLE 24-25 cm • POIDS 5-5,5 kg • POILS Rigide, rêche, droit et de longueur moyenne • COULEUR Toutes les nuances de roux, froment, noir et feu, grisonnant • ESPÉRANCE DE VIE 14 ans

À l'inverse du Terrier du Norfolk, le Terrier du Norwich a les oreilles dressées. Ce petit chasseur fougueux fait un bon chien de garde réceptif et fidèle à son maître. Généralement aimable envers les étrangers et ses congénères, il doit tout de même être correctement sociabilisé.

RACE CRÉÉE POUR chasser et tuer les rats.

Caractéristiques particulières

Vif, excitable, mordant.

Activité physique

Modérée. Joueur.

> ⚠ La robe doit être épilée à la main *(stripping)* ou toilettée deux fois par an.

Attitude envers

SES MAÎTRES affectueux, fidèle
LES ENFANTS gentil s'il a grandi à leurs côtés
LES ANIMAUX DE COMPAGNIE susceptible de tuer les petits animaux et de blesser les chats qu'il ne connaît pas
LES ÉTRANGERS aimable
SES CONGÉNÈRES aimable s'il a bien été sociabilisé

Propriétaire idéal

Une personne dynamique et facile à vivre capable d'apporter à ce petit chien indépendant et extraverti les séances de jeu et d'exercice dont il a besoin.

Terrier Parson Russell

hardi • affectueux • tenace • courageux • fougueux

TAILLE 33-36 cm • POIDS 5-8 kg • POILS Rêche, dense, soit dur soit droit • COULEUR Entièrement ou principalement blanc avec des marques feu, citron ou noires • ESPÉRANCE DE VIE 13-14 ans

Cousin de concours du Terrier Jack Russell, le Terrier Parson Russell est enthousiaste, actif et curieux de nature. Assez extraverti, il se montre excitable et ne recule jamais devant le danger ; il doit par conséquent être habitué très tôt à la compagnie des enfants, des adultes et des autres chiens.

RACE CRÉÉE POUR suivre la chasse et déterrer le renard.

Caractéristiques particulières
Fougueux, excitable, mordant.

Activité physique
Importante. Un exercice régulier est indispensable à son bien-être.

Attitude envers
SES MAÎTRES affectueux, fidèle
LES ENFANTS gentil s'il a grandi à leurs côtés
LES ANIMAUX DE COMPAGNIE susceptible de tuer les petits animaux et de blesser les chats qu'il ne connaît pas
LES ÉTRANGERS gentil s'il a bien été sociabilisé
SES CONGÉNÈRES gentil s'il a bien été sociabilisé

Propriétaire idéal
Une personne active et tolérante qui recherche un animal joueur avec qui partager des promenades toniques et de nombreuses activités qui solliciteront l'énergie physique et mentale de ce chien plein d'entrain.

Problèmes potentiels
Aboiements intempestifs. Parfois mordant, surtout avec ses congénères, s'il n'a pas été correctement sociabilisé.

Terrier écossais

fier • sensible • indépendant • réservé • courageux • hardi • têtu

TAILLE 25-28 cm • POIDS 8,5-10,5 kg • POILS Dur dit « fil de fer » et dense avec un sous-poil court, épais et doux • COULEUR Noir, froment ou bringé de toutes nuances • ESPÉRANCE DE VIE 13-14 ans

Indépendant et obstiné, le Terrier écossais est un chien courageux qui ne recule jamais devant le danger. Fidèle à son maître, le Scottie doit être confronté très tôt aux humains et aux autres chiens afin d'acquérir une sociabilité convenable.

RACE CRÉÉE POUR chasser et tuer les petits mammifères.

Caractéristiques particulières

Fougueux, excitable, mordant.

Activité physique

Modérée. A besoin d'exercice pour dépenser son énergie.

Attitude envers

SES MAÎTRES affectueux, fidèle
LES ENFANTS tolérant s'il a grandi à leurs côtés
LES ANIMAUX DE COMPAGNIE susceptible de tuer les petits animaux et de blesser les chats qu'il ne connaît pas
LES ÉTRANGERS réservé, comportement de chien de garde
SES CONGÉNÈRES parfois agressif

Propriétaire idéal

Une personne expérimentée, autoritaire et déterminée, capable de tenir tête à cet animal qui a besoin de nombreuses activités pour se dépenser.

Problèmes potentiels

Fait parfois preuve d'hostilité envers son maître si les places de dominé et de dominant ne sont pas bien définies au sein du foyer. Agressif envers les étrangers et ses congénères s'il n'a pas été correctement sociabilisé.

⚠ La robe doit être épilée à la main *(stripping)* ou toilettée deux fois par an.

Terrier de Sealyham

vif • courageux • affectueux • tenace • têtu • indépendant

TAILLE 25-31 cm • POIDS 8-9 kg • POILS Long, dur dit « fil de fer » avec un épais sous-poil • COULEUR Blanc avec ou sans marques jaunes, brunes, bleu ou pie sur les oreilles et la tête • ESPÉRANCE DE VIE 14 ans

Le Terrier de Sealyham indépendant et obstiné déborde de confiance en lui. C'est un chien de garde fidèle et affectueux qui a conservé son instinct de chasseur et doit multiplier les activités afin de ne pas s'ennuyer.

RACE CRÉÉE POUR chasser et tuer loutres et blaireaux.

Caractéristiques particulières

Fougueux, excitable, mordant.

Activité physique

Modérée. A besoin d'exercice pour dépenser son surplus d'énergie.

Attitude envers

SES MAÎTRES affectueux, fidèle
LES ENFANTS gentil s'il a grandi à leurs côtés
LES ANIMAUX DE COMPAGNIE susceptible de tuer les petits animaux et de blesser les chats qu'il ne connaît pas
LES ÉTRANGERS réservé, comportement de chien de garde
SES CONGÉNÈRES parfois agressif

Propriétaire idéal

Une personne expérimentée, active et autoritaire qui saura apprécier le caractère indépendant de ce chien et lui apporter l'exercice nécessaire à son bien-être.

Problèmes potentiels

Fait parfois preuve d'hostilité envers son maître si les places de dominé et de dominant ne sont pas bien définies au sein du foyer. Agressif envers les étrangers et ses congénères s'il n'a pas été correctement sociabilisé.

Terrier de Skye

fier • méfiant envers les étrangers • tenace • hardi • résolu • indépendant

TAILLE 25-26 cm • POIDS 8,5-10,5 kg • POILS Long et rêche avec un sous-poil court, laineux et doux • COULEUR Noir, gris clair ou foncé, fauve, crème, avec ou sans points noirs • ESPÉRANCE DE VIE 13 ans

La robe du Terrier de Skye nécessite énormément de soins et d'attention pour éviter les nœuds. Avec les étrangers, ce chien se comporte en chien de garde assez réservé, tandis qu'il se montre affectueux et fidèle à son maître. N'ayant rien perdu de son instinct de chasseur, il doit être habitué très tôt à la compagnie des humains et de ses congénères si l'on veut qu'il soit sociable.

RACE CRÉÉE POUR chasser et tuer loutres, blaireaux et belettes.

Caractéristiques particulières

Vif, excitable, mordant.

Activité physique

Modérée.

Attitude envers

SES MAÎTRES affectueux, fidèle
LES ENFANTS gentil s'il a grandi à leurs côtés
LES ANIMAUX DE COMPAGNIE susceptible de tuer les petits animaux et de blesser les chats qu'il ne connaît pas
LES ÉTRANGERS réservé, comportement de chien de garde
SES CONGÉNÈRES parfois agressif

Propriétaire idéal

Une personne expérimentée, active et autoritaire qui saura apprécier le caractère indépendant de ce chien et lui apporter l'exercice et l'éducation riche en rencontres dont il a besoin pour se montrer sociable.

Problèmes potentiels

Souvent agressif envers les inconnus. Fait parfois preuve d'hostilité envers son maître si les places de dominé et de dominant ne sont pas bien définies au sein du foyer.

⚠ La robe nécessite des soins quotidiens pour éviter les nœuds. Les poils qui couvrent les yeux doivent être attachés ou coupés pour que l'animal voie correctement.

Terrier irlandais à poil doux

aimable • fougueux • résolu • affectueux • indépendant

TAILLE 46-49 cm • POIDS 16-20,5 kg • POILS Doux et soyeux • COULEUR Froment clair • ESPÉRANCE DE VIE 13-14 ans • AUTRE NOM Soft Coated Wheaten terrier

Ce chien à la fougue peu commune est en général aimable, mais il lui arrive de se montrer obstiné et indépendant. Actif et joueur avec son maître, il porte une épaisse robe qui devra être soigneusement nettoyée après chaque promenade.

RACE CRÉÉE POUR mener les troupeaux et chasser.

Caractéristiques particulières
Actif, joueur, polyvalent.

Activité physique
Importante. Adore l'exercice.

⚠ La robe de cet animal doit être soigneusement nettoyée, car elle peut transporter boue et poussière dans votre intérieur.

Attitude envers
SES MAÎTRES affectueux, fidèle
LES ENFANTS gentil s'il a grandi à leurs côtés
LES ANIMAUX DE COMPAGNIE susceptible de tuer les petits animaux et de blesser les chats qu'il ne connaît pas
LES ÉTRANGERS gentil s'il a bien été sociabilisé
SES CONGÉNÈRES parfois agressif

Propriétaire idéal
Une personne autoritaire et expérimentée qui pourra trouver une occupation à cet animal extraverti et lui apporter l'exercice et les séances de jeu et de dressage dont il a besoin.

Problèmes potentiels
Fait parfois preuve d'hostilité envers son maître si les places de dominé et de dominant ne sont pas bien définies au sein du foyer. Souvent agressif envers ses congénères.

Bull-terrier du Staffordshire

courageux • tenace • affectueux • hardi • fougueux

TAILLE 36-41 cm • POIDS 11-17 kg • POILS Lisse, serré et court • COULEUR Roux, fauve, blanc, noir, bleu, couleurs teintées ou non de blanc • ESPÉRANCE DE VIE 11-12 ans

En raison du caractère excitable de ce chien tenace et fougueux ainsi que de l'incroyable puissance de sa mâchoire, il est indispensable de l'habituer très tôt à la compagnie des humains et surtout à celle de ses congénères afin qu'il se montre sociable.

RACE CRÉÉE POUR participer à des combats de chiens.

Caractéristiques particulières

Très excitable. Ce chien à la mâchoire extrêmement puissante ne relâche jamais sa proie une fois qu'il l'a mordue.

Activité physique

Importante. Capable de marcher très longtemps s'il le faut.

Attitude envers

SES MAÎTRES affectueux, tendre
LES ENFANTS particulièrement gentil s'il a grandi à leurs côtés, trop mordant quand il joue avec les plus jeunes
LES ANIMAUX DE COMPAGNIE susceptible de tuer les petits animaux qu'il ne connaît pas
LES ÉTRANGERS plutôt aimable
SES CONGÉNÈRES assez agressif, à moins qu'il n'ait été sociabilisé

Propriétaire idéal

Une personne expérimentée, active et autoritaire qui dispose d'assez de temps et de savoir-faire pour apprendre très tôt à cet animal à bien se comporter avec ses congénères et qui pourra lui apporter l'affection, l'exercice et le jeu dont il a besoin.

Problèmes potentiels

Souvent agressif envers les autres chiens.

Terrier gallois

sociable • curieux • joueur • tenace

TAILLE 36-39 cm • POIDS 9-9,5 kg • POILS Très dur, très serré et abondant • COULEUR De préférence noir et feu, noir grisonné et feu • ESPÉRANCE DE VIE 14 ans

Actif, curieux et énergique, le Terrier gallois aime être toujours occupé. Ce chien courageux et indépendant qui n'a rien perdu de son instinct de chasseur ne recule jamais face au danger.

RACE CRÉÉE POUR chasser et tuer rats et autres petits mammifères.

Caractéristiques particulières
Vif, excitable, mordant.

Activité physique
Modérée. Aime l'exercice et le jeu.

Attitude envers
SES MAÎTRES affectueux, fidèle
LES ENFANTS gentil s'il a grandi à leurs côtés
LES ANIMAUX DE COMPAGNIE susceptible de tuer les petits animaux et de blesser les chats qu'il ne connaît pas
LES ÉTRANGERS parfois méfiant, comportement de chien de garde
SES CONGÉNÈRES parfois agressif

⚠ La robe doit être régulièrement épilée à la main *(stripping)* ou toilettée.

Propriétaire idéal
Une personne autoritaire et expérimentée qui dispose d'assez de temps et d'énergie pour promener, distraire et dresser ce Terrier au tempérament extraverti et indépendant.

Problèmes potentiels
Souvent agressif envers ses congénères.

West Highland White terrier

résolu • vif • courageux • indépendant • affectueux

TAILLE 25-28 cm • POIDS 7-10 kg • POILS Dur avec un sous-poil doux et court • COULEUR Blanc • ESPÉRANCE DE VIE 14 ans

Ce Terrier actif et très fougueux est particulièrement recherché pour ses qualités de chien de compagnie. Assez excitable, le Westie se montre parfois obstiné et indépendant. Il fait un bon chien de garde dont la tendance à aboyer doit cependant être réprimée très tôt pour éviter qu'il ne devienne trop bruyant.

RACE CRÉÉE POUR chasser et tuer les rats.

Caractéristiques particulières
Vif, excitable, mordant.

Activité physique
Importante. Aime l'exercice et le jeu.

Attitude envers
SES MAÎTRES affectueux, fidèle
LES ENFANTS gentil s'il a grandi à leurs côtés
LES ANIMAUX DE COMPAGNIE susceptible de tuer les petits animaux et de blesser les chats qu'il ne connaît pas
LES ÉTRANGERS aimable s'il a bien été sociabilisé
SES CONGÉNÈRES aimable s'il a bien été sociabilisé

Propriétaire idéal
Une personne active et autoritaire qui saura apprécier le caractère excitable et indépendant de ce petit chien et lui apporter l'exercice ainsi que les séances de jeu et de dressage dont il a besoin.

Problèmes potentiels
Fait parfois preuve d'hostilité envers son maître si les places de dominé et de dominant ne sont pas bien définies au sein du foyer. Aboiements intempestifs.

⚠ La robe nécessite un toilettage régulier.

Affenpinscher

énergique • arrogant • affectueux • curieux • vif • rapide • résolu

TAILLE 24-28 cm • POIDS 3-4 kg • POIL Dur, rêche et de longueur moyenne • COULEUR Noir, noir et feu, roux, bringé et feu • ESPÉRANCE DE VIE 14 ans

Simiesque tant dans ses traits que dans son comportement, l'Affenpinscher est obstiné, têtu et indépendant. Gai et curieux, il a conservé son instinct de chasseur. Avec les étrangers, il se montre réservé et fait, par conséquent, un bon petit chien de garde.

RACE CRÉÉE POUR attraper les souris et les rats, puis utilisée pour tenir compagnie aux dames.

Caractéristiques particulières

Vif, rapide, joueur.

⚠ Le museau effacé entraîne des troubles respiratoires et un ronflement chronique.

Avec son profil aplati et ses sourcils broussailleux, l'Affenpinscher rappelle le singe.

Activité physique

Modérée. Actif à la maison comme en promenade.

Attitude envers

SES MAÎTRES affectueux, indépendant

LES ENFANTS les enfants turbulents sont susceptibles de blesser les chiots et les adultes

LES ANIMAUX DE COMPAGNIE agressif envers les petits animaux

LES ÉTRANGERS réservé, bon chien de garde

SES CONGÉNÈRES gentil s'il a bien été sociabilisé

Propriétaire idéal

Une personne autoritaire qui saura apprécier la nature obstinée de ce petit chien joyeux et lui apporter l'exercice et le jeu dont il a besoin.

Problèmes potentiels

Apprentissage difficile de la propreté. Fait parfois preuve d'hostilité envers son maître si les places de dominé et de dominant ne sont pas bien définies au sein du foyer. Aboiements intempestifs.

Silky terrier

énergique • déterminé • courageux • enthousiaste • vif • affectueux • réceptif

TAILLE 22-23 cm • POIDS 4-5 kg • POIL Long, fin, lustré et soyeux • COULEUR Bleu et feu, gris-bleu et feu. Plus ces couleurs sont soutenues, plus elles sont appréciées • ESPÉRANCE DE VIE 14-16 ans • AUTRE NOM Australian Silky terrier

Ce petit chien vif, énergique et joyeux fait un excellent chien de garde dont la tendance à aboyer doit être réprimée pour éviter qu'elle ne devienne excessive. Le Silky terrier sait aussi se montrer affectueux, réceptif et joueur.

RACE CRÉÉE POUR garder les maisons et tuer rats et souris.

Caractéristiques particulières

Vif, réceptif, joueur.

Activité physique

Modérée. Actif à la maison comme en promenade.

À l'inverse de celles du terrier du Yorkshire, les oreilles du Silky terrier sont dépourvues de longs poils.

Attitude envers

SES MAÎTRES affectueux, indépendant
LES ENFANTS gentil, les chiots sont si petits qu'ils risquent d'être blessés par les jeunes enfants
LES ANIMAUX DE COMPAGNIE agressif envers les petits animaux
LES ÉTRANGERS aimable
SES CONGÉNÈRES gentil s'il a bien été sociabilisé

Propriétaire idéal

Une personne autoritaire et active qui saura apprécier la nature indépendante de ce petit chien enthousiaste et lui apporter le jeu et l'exercice dont il a besoin.

Problèmes potentiels

Aboiements intempestifs. Mordant lorsqu'il est contrarié ou excité.

⚠ La robe soyeuse nécessite un brossage quotidien soigneux pour éviter les nœuds. Ce chien ne possède pas de sous-poil et peut donc souffrir du froid en hiver.

Bichon à poil frisé

joyeux • enthousiaste • vif • affectueux

TAILLE 23-28 cm • POIDS 3-6 kg • POIL Fin, soyeux et tire-bouchonné • COULEUR Blanc • ESPÉRANCE DE VIE 14 ans • Classé dans la catégorie « chiens non sportifs » aux États-Unis

Le tempérament aimable et facile à vivre de ce Bichon fait rapidement oublier les longues heures passées à entretenir son épaisse robe. Vif et enjoué, c'est un excellent compagnon qui se montre affectueux avec tous.

RACE CRÉÉE POUR tenir compagnie aux humains.

Caractéristiques particulières
Affectueux. Aime être entouré.

Activité physique
Modérée à faible. Adore jouer avec toute la famille.

Attitude envers
SES MAÎTRES affectueux, dévoué
LES ENFANTS gentil
LES ANIMAUX DE COMPAGNIE gentil
LES ÉTRANGERS aimable
SES CONGÉNÈRES aimable

Propriétaire idéal
Une personne sociable et affectueuse que le rituel quotidien du brossage ne rebute pas.

Problèmes potentiels
Apprentissage difficile de la propreté.

⚠ La robe peut transporter boue et poussière dans votre intérieur. Elle doit être brossée chaque jour et toilettée à l'occasion.

✔ Recommandé aux propriétaires novices qui aiment s'occuper quotidiennement de la robe de leur chien.

Bichon bolonais

dévoué • affectueux avec son maître • sérieux • docile • réservé avec les étrangers

TAILLE 25,5-30,5 cm • POIDS 3-4 kg • POIL Long, floconneux sans être frisé • COULEUR Blanc avec lèvres, paupières, truffe et ongles noirs • ESPÉRANCE DE VIE 14 ans

Le Bichon bolonais est en quelque sorte une version du Bichon à poil frisé plus sérieuse, plus timide et plus réservée avec les étrangers. Particulièrement proche de son maître, il se montre avec lui dévoué et affectueux.

RACE CRÉÉE POUR tenir compagnie aux humains.

Caractéristiques particulières
Doux. Aime être entouré.

Activité physique
Faible. Adore courir en liberté.

Attitude envers
SES MAÎTRES affectueux, dévoué
LES ENFANTS gentil
LES ANIMAUX DE COMPAGNIE gentil
LES ÉTRANGERS réservé, timide
SES CONGÉNÈRES aimable s'il a bien été sociabilisé

Propriétaire idéal
Une personne douce et affectueuse qui mène une existence tranquille.

Problèmes potentiels
Supporte mal d'être séparé de son maître. Apprentissage difficile de la propreté.

Cavalier King Charles

sportif • gai • doux • affectueux • aimable

TAILLE 31-33 cm • POIDS 5-8 kg • POIL Long, soyeux avec de nombreuses franges • COULEUR Noir et feu, Ruby, Blenheim (taches châtaigne sur fond blanc), tricolore • ESPÉRANCE DE VIE 9-11 ans

Gai et joueur, le Cavalier King Charles est le compagnon idéal des familles avec enfants. Dévoué et affectueux envers ses maîtres, il se montre également aimable avec tous. Malheureusement, il est sujet à de très nombreuses affections héréditaires, d'où l'importance de trouver une lignée saine.

RACE CRÉÉE POUR tenir compagnie aux humains.

Attitude envers

SES MAÎTRES affectueux, dévoué
LES ENFANTS gentil, accommodant
LES ANIMAUX DE COMPAGNIE gentil
LES ÉTRANGERS aimable
SES CONGÉNÈRES aimable

Propriétaire idéal

Une famille douce et affectueuse qui saura apprécier le caractère gai et joueur de ce petit chien.

⚠ La robe peut transporter boue et poussière dans votre intérieur.

✔ Recommandé aux propriétaires novices qui aiment s'occuper quotidiennement de la robe de leur chien.

Caractéristiques particulières

Doux, affectueux, joueur.

Activité physique

Modérée. A besoin d'un exercice régulier.

Chihuahua (à poil long, à poil court)

vif • fougueux • hardi • aimable • affectueux

TAILLE 15-23 cm • POIDS 1-3 kg • POIL Variété à poil long : De longueur moyenne, doux au toucher • Variété à poil court : Lisse et doux • COULEUR Toutes • ESPÉRANCE DE VIE 14-18 ans

Malgré son petit corps, le Chihuahua a tout d'un grand chien : la témérité, la fougue et l'enthousiasme. Joueur et dévoué à son maître, il se montre également affectueux envers tous, même s'il se méfie instinctivement des enfants turbulents et des chiens beaucoup plus gros que lui.

RACE CRÉÉE POUR tenir compagnie aux humains.

Caractéristiques particulières

Joueur. Aime être entouré.

Activité physique

Faible. Apprécie l'exercice.

Attitude envers

SES MAÎTRES affectueux, dévoué
LES ENFANTS les enfants turbulents sont susceptibles de blesser les chiots et les adultes
LES ANIMAUX DE COMPAGNIE gentil
LES ÉTRANGERS aimable
SES CONGÉNÈRES aimable

Propriétaire idéal

Une personne douce et affectueuse qui recherche un tout petit compagnon à protéger et avec qui jouer.

Variété à poil long

Chiens chinois à crête

Il existe deux variétés de Chiens chinois à crête, le Chien nu et le Chien à houppette. Toutes deux sont aussi enjouées et affectueuses l'une que l'autre et se montrent particulièrement dévouées à leur maître.

Chien nu

gai • affectueux • sensible • joueur • têtu

TAILLE 23-33 cm • POIDS 2-5,5 kg • POIL Sans. Peau douce et souple avec de longs poils soyeux sur la tête, les pieds et la queue • COULEUR Toutes • ESPÉRANCE DE VIE 15 ans

RACE CRÉÉE POUR tenir compagnie aux humains.

Caractéristiques particulières
Affectueux. Aime être entouré.

Activité physique
Faible.

Attitude envers
SES MAÎTRES affectueux, dévoué
LES ENFANTS les enfants turbulents sont susceptibles de blesser les chiots et les adultes
LES ANIMAUX DE COMPAGNIE gentil
LES ÉTRANGERS aimable
SES CONGÉNÈRES aimable s'il a bien été sociabilisé

Propriétaire idéal
Une personne douce et affectueuse qui ne voit aucun inconvénient à s'occuper quotidiennement de la peau de cet animal.

Problèmes potentiels
Apprentissage difficile de la propreté car ce chien aime marquer son territoire, surtout si c'est un mâle.

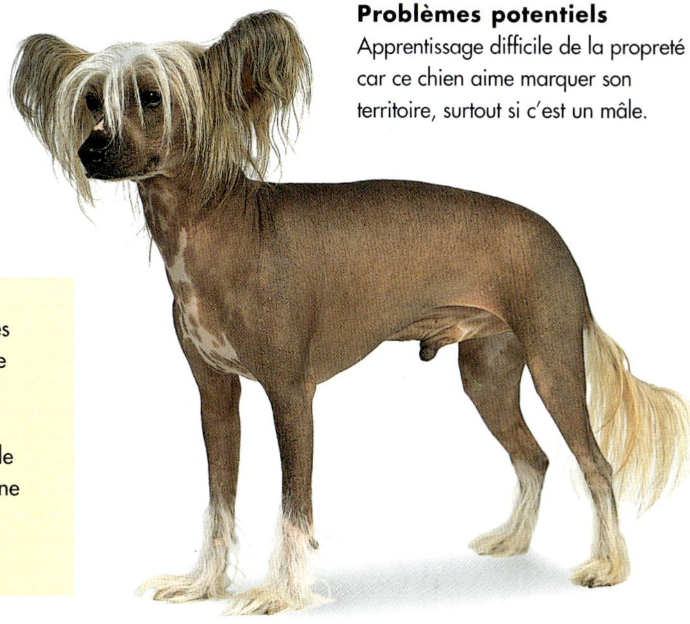

⚠ La peau du Chien nu nécessite des soins quotidiens car elle est sujette à de nombreuses affections. Les jeunes souffrent parfois d'acné juvénile. Cette variété supporte aussi mal le froid que le soleil et on constate souvent chez elle une denture incomplète et quelques ongles manquants.

Chien à houppette

gai • affectueux • sensible • joueur • têtu

TAILLE 23-33 cm • POIDS 2-5,5 kg • POIL Corps couvert de longs poils soyeux • COULEUR Toutes • ESPÉRANCE DE VIE 15 ans

Le Chien à houppette est un animal enjoué, affectueux et dévoué à son maître.

RACE CRÉÉE POUR tenir compagnie aux humains.

Caractéristiques particulières
Affectueux. Aime être entouré.

Activité physique
Faible.

Attitude envers
SES MAÎTRES affectueux, dévoué
LES ENFANTS les enfants turbulents sont susceptibles de blesser les chiots et les adultes
LES ANIMAUX DE COMPAGNIE gentil
LES ÉTRANGERS aimable
SES CONGÉNÈRES aimable s'il a bien été sociabilisé

Propriétaire idéal
Une personne douce et affectueuse qui ne voit aucun inconvénient à s'occuper quotidiennement de la robe de cet animal.

Problèmes potentiels
Apprentissage difficile de la propreté car ce chien aime marquer son territoire, surtout si c'est un mâle.

⚠ La robe soyeuse nécessite un brossage quotidien pour éviter les nœuds.

Lors des expositions, il est courant de raser le museau du Chien à houppette.

Toy terrier (noir et feu)

enthousiaste • vif • perspicace • déterminé • tenace • dévoué

TAILLE 25-30 cm • POIDS 2,7-3,6 kg • POIL Épais, lisse et lustré • COULEUR Noir et feu • ESPÉRANCE DE VIE 12-13 ans

À l'exception de sa petite taille et de ses oreilles dressées, le Toy terrier ressemble en tous points au Terrier de Manchester. Ce chien d'une propreté rappelant celle du chat s'avère particulièrement actif, gai et joueur. Distant avec les étrangers, il préfère la compagnie de son maître.

RACE CRÉÉE POUR chasser et tuer les rats, puis utilisée comme chien de compagnie.

Caractéristiques particulières
Vif, fougueux, joueur.

Activité physique
Modérée. A besoin d'être diverti.

Attitude envers
SES MAÎTRES affectueux, dévoué
LES ENFANTS les enfants turbulents sont susceptibles de blesser les chiots et les adultes
LES ANIMAUX DE COMPAGNIE parfois agressif envers les petits animaux
LES ÉTRANGERS méfiant, distant
SES CONGÉNÈRES gentil s'il a bien été sociabilisé

Propriétaire idéal
Une personne douce et expérimentée qui saura apprécier la nature plutôt indépendante de cet animal actif, qui doit être distrait et promené régulièrement.

Problèmes potentiels
Aboiements intempestifs. Le manque d'exercice entraîne souvent des fugues.

Griffon bruxellois

enthousiaste • vif • facile à vivre • tenace • courageux • sensible

TAILLE 18-20 cm • POIDS 2,3-5 kg • POIL Variété à poil dur : rêche, ébouriffé • Variété à poil court : court et serré • COULEUR Roux clair, noir ou noir et feu soutenu sans marques blanches • ESPÉRANCE DE VIE 12-14 ans

Probable descendant de l'Affenpinscher, le Griffon bruxellois est enjoué et curieux. N'ayant rien perdu de son instinct de chasseur, il fait un bon chien de garde dévoué à son maître et affectueux envers les étrangers.

RACE CRÉÉE POUR tuer les rats, puis utilisée comme chien de compagnie.

Caractéristiques particulières
Vif, actif. Aime être entouré.

Activité physique
Faible. Apprécie le jeu et l'exercice.

Attitude envers
SES MAÎTRES affectueux, dévoué
LES ENFANTS les enfants turbulents sont susceptibles de blesser les chiots et les adultes
LES ANIMAUX DE COMPAGNIE parfois agressif envers les petits animaux
LES ÉTRANGERS aimable s'il a bien été sociabilisé
SES CONGÉNÈRES aimable s'il a bien été sociabilisé

Propriétaire idéal
Une personne douce et sociable qui saura apprécier la nature aimable et joueuse de ce petit chien.

Problèmes potentiels
Aboiements intempestifs.

⚠ Les yeux saillants sont très exposés aux blessures. Le museau effacé entraîne des troubles respiratoires. Ce Griffon se montre parfois difficile en ce qui concerne la nourriture. La robe doit être épilée à la main *(stripping)* ou toilettée régulièrement.

Bichon havanais

enjoué • doux • affectueux • réceptif • aimable • sensible • extraverti

TAILLE 23-28 cm • POIDS 3-6 kg • POIL Doux, soyeux, ondulé ou légèrement bouclé avec un sous-poil • COULEUR Toutes • ESPÉRANCE DE VIE 14 ans

Doux et un peu réservé avec les étrangers, le Bichon havanais est réceptif et dévoué à son maître. En raison d'une sensibilité très développée, le moindre événement peut bouleverser ce chien au demeurant joueur et extraverti.

RACE CRÉÉE POUR tenir compagnie aux humains.

Caractéristiques particulières
Joueur. Aime être entouré.

Activité physique
Modérée.

Attitude envers
SES MAÎTRES affectueux, dévoué
LES ENFANTS gentil
LES ANIMAUX DE COMPAGNIE gentil
LES ÉTRANGERS réservé
SES CONGÉNÈRES aimable

Propriétaire idéal
Une personne douce et affectueuse qui recherche un petit compagnon joueur, sensible et énergique et qui ne voit aucun inconvénient à s'occuper quotidiennement de sa robe.

Problèmes potentiels
Supporte mal d'être séparé de son maître.

⚠ La robe qui nécessite un brossage quotidien pour éviter les nœuds peut transporter boue et poussière dans votre intérieur. Les poils qui couvrent les yeux doivent être attachés ou coupés pour que l'animal voie correctement.

Petit Lévrier italien

élégant • affectueux • doux • sensible • distant

TAILLE 32-38 cm • POIDS 3,5-4,5 kg • POIL Court, fin et lustré • COULEUR Noir, bleu, crème, fauve, roux, blanc, ou l'une de ces couleurs teintées de blanc • ESPÉRANCE DE VIE 14 ans

Le Petit Lévrier italien est un chien élégant, doux et sensible qui entretient une relation proche avec son maître. Comme tous les Lévriers, il aime courir très vite sur de courtes distances et a donc besoin de lieux de promenade dépourvus de danger.

RACE CRÉÉE POUR tenir compagnie aux humains.

Caractéristiques particulières

Aime courir et être entouré.

Activité physique

Modérée. Très énergique.

Attitude envers

SES MAÎTRES affectueux, dévoué

LES ENFANTS gentil, mais attention aux enfants turbulents

LES ANIMAUX DE COMPAGNIE gentil, susceptible de leur donner la chasse

LES ÉTRANGERS réservé, perspicace

SES CONGÉNÈRES aimable s'il a bien été sociabilisé

Propriétaire idéal

Une personne douce et affectueuse qui vit à proximité de grands espaces verts, où cet animal actif pourra dépenser son surplus d'énergie en toute sécurité.

Problèmes potentiels

Parfois difficile à contrôler en promenade.

Apprentissage difficile de la propreté.

Épagneul japonais

joyeux • doux • facile à vivre • délicat • indépendant

TAILLE 23-25 cm • POIDS 2-4 kg • POIL Abondant, long, doux et soyeux au toucher • COULEUR Noir et blanc, rouge et blanc • ESPÉRANCE DE VIE 12-13 ans

Avec son tempérament aimable et facile à vivre, l'Épagneul japonais ou Chin fait un excellent compagnon, dévoué et affectueux. Cet animal dont la robe nécessite un brossage régulier se montre gentil et joueur avec les étrangers.

RACE CRÉÉE POUR tenir compagnie aux humains.

Caractéristiques particulières
Joueur. Aime être entouré.

Activité physique
Faible. Se contente de courtes promenades.

Attitude envers
SES MAÎTRES affectueux, dévoué
LES ENFANTS les enfants turbulents sont susceptibles de blesser les chiots et les adultes
LES ANIMAUX DE COMPAGNIE gentil
LES ÉTRANGERS aimable
SES CONGÉNÈRES aimable s'il a bien été sociabilisé

Propriétaire idéal
Une personne douce et affectueuse qui saura s'occuper de ce petit chien délicat.

⚠ L'abondante robe qui nécessite un brossage quotidien pour éviter les nœuds peut transporter boue et poussière dans votre intérieur. Les yeux saillants sont très exposés aux blessures. Le museau effacé entraîne des troubles respiratoires et un ronflement chronique.

Avec son museau aplati et son front haut, ce chien paraît constamment surpris.

King Charles

joyeux • réservé • doux • sensible • affectueux

TAILLE 25-27 cm • POIDS 4-6 kg • POIL Long, lisse et soyeux • COULEUR Noir et feu, tricolore, Blenheim (taches châtaigne sur fond blanc), Ruby • ESPÉRANCE DE VIE 11-12 ans • AUTRE NOM Épagneul King Charles

Plus petit et beaucoup moins répandu que le Cavalier, le King Charles est doté d'un museau plus court et se montre moins affectueux envers les inconnus. Joyeux et dévoué envers ses maîtres, il est plutôt réservé avec les personnes étrangères à la famille.

RACE CRÉÉE POUR tenir compagnie aux humains.

Caractéristiques particulières
Joueur. Aime être entouré.

Activité physique
Faible.

Attitude envers
SES MAÎTRES affectueux, dévoué
LES ENFANTS les enfants turbulents sont susceptibles de blesser les chiots et les adultes
LES ANIMAUX DE COMPAGNIE gentil
LES ÉTRANGERS réservé
SES CONGÉNÈRES aimable

Propriétaire idéal
Une personne douce et affectueuse qui mène une existence tranquille.

⚠ Le museau effacé entraîne des troubles respiratoires et un ronflement chronique.

Petit chien lion

gai • enjoué • indépendant • volontaire • têtu

TAILLE 25-33 cm • POIDS 4-8 kg • POIL Assez long et doux au toucher • COULEUR Toutes • ESPÉRANCE DE VIE 13-14 ans • Classé dans la catégorie « chiens non sportifs » aux États-Unis.

Lors des expositions canines, la plupart des propriétaires rasent l'arrière-train de leur animal pour lui donner l'apparence du lion. Obstiné, voire têtu, le petit chien lion est affectueux, mais indépendant avec ses maîtres et se montre aimable envers les étrangers et ses congénères uniquement s'il a été habitué à leur contact très jeune.

RACE CRÉÉE POUR tenir compagnie aux humains.

Caractéristiques particulières
Joueur. Aime être entouré.

Activité physique
Faible.

Attitude envers
SES MAÎTRES affectueux, indépendant
LES ENFANTS gentil
LES ANIMAUX DE COMPAGNIE gentil, parfois agressif envers les autres chiens de la famille
LES ÉTRANGERS aimable s'il a bien été sociabilisé
SES CONGÉNÈRES parfois agressif

Propriétaire idéal
Une personne affectueuse et autoritaire qui pourra jouer et dresser ce petit chien à l'esprit indépendant.

Problèmes potentiels
Fait parfois preuve d'hostilité envers son maître si les places de dominé et de dominant ne sont pas bien définies au sein du foyer

⚠ Les poils qui couvrent le sommet du crâne doivent être attachés ou coupés pour que l'animal voie correctement.

Bichon maltais

enjoué • vif • doux • affectueux

TAILLE 20-25 cm • POIDS 2-3 kg • POIL Long, lisse et soyeux au toucher • COULEUR Blanc • ESPÉRANCE DE VIE 14 ans

Ce petit animal enjoué et doux ressemble beaucoup à une peluche avec sa robe immaculée et sa houppette de poil retenue par un ruban au sommet de sa tête. Joyeux et aimable envers tous, le Bichon maltais, dont la robe doit être brossée chaque jour, se montre affectueux et dévoué à son maître.

RACE CRÉÉE POUR tenir compagnie aux humains.

Caractéristiques particulières
Joueur. Aime être entouré.

Les poils qui couvrent la tête du Bichon maltais doivent être attachés pour dégager les yeux

Activité physique
Modérée. Apprécie l'exercice.

Attitude envers
SES MAÎTRES affectueux, dévoué
LES ENFANTS gentil
LES ANIMAUX DE COMPAGNIE gentil
LES ÉTRANGERS aimable
SES CONGÉNÈRES aimable

Propriétaire idéal
Une personne sociable et affectueuse qui dispose d'assez de temps pour effectuer le brossage quotidien.

⚠ La longue robe soyeuse peut transporter boue et poussière dans votre intérieur. Elle doit être brossée chaque jour et toilettée régulièrement pour éviter les nœuds.

Pinscher nain

résolu • fougueux • courageux • énergique • vif • enjoué • curieux

TAILLE 25-30 cm • POIDS 4-5 kg • POIL Lisse, dur et ras • COULEUR Noir, bleu ou chocolat avec des taches feu ou rouge bien définies • ESPÉRANCE DE VIE 13-14 ans

On reconnaît le Pinscher nain à sa démarche et à son genou très souples. Gai et fougueux, ce chien à l'instinct de ratier friand de chasse se montre en général joueur et énergique. Curieux et indépendant de nature, il ne supporte pas l'inactivité.

RACE CRÉÉE POUR chasser les rats et tenir compagnie aux humains.

Caractéristiques particulières
Joueur, vif. Aime être entouré.

Activité physique
Modérée. Aussi actif à la maison qu'en promenade.

Attitude envers
SES MAÎTRES affectueux, indépendant
LES ENFANTS les enfants turbulents sont susceptibles de blesser les chiots et les adultes
LES ANIMAUX DE COMPAGNIE agressif envers les petits animaux
LES ÉTRANGERS aimable s'il a bien été sociabilisé
SES CONGÉNÈRES aimable s'il a bien été sociabilisé

Propriétaire idéal
Une personne affectueuse, autoritaire et active qui a accès à des lieux de promenade où ce petit chien actif et indépendant pourra jouer et s'ébattre en toute sécurité.

Problèmes potentiels
Susceptible de s'enfuir s'il s'ennuie.

Papillon

enjoué • affectueux • vif • docile

TAILLE 20-28 cm • POIDS 4-4,5 kg • POIL Long, fin et soyeux sans sous-poil • COULEUR Fond blanc avec diverses taches, tricolore • ESPÉRANCE DE VIE 14 ans

Ce petit chien doit son nom à l'aspect de ses magnifiques oreilles qui rappellent des ailes de papillons. Enjoué, réceptif et dévoué à son maître, il se méfie souvent des étrangers et des autres chiens à moins qu'il n'ait été correctement sociabilisé dès son plus jeune âge.

RACE CRÉÉE POUR tenir compagnie aux humains.

Caractéristiques particulières

Joueur, vif. Aime être entouré.

Activité physique

Modérée. Aussi actif à la maison qu'en promenade.

Attitude envers

SES MAÎTRES affectueux, dévoué
LES ENFANTS les enfants turbulents sont susceptibles de blesser les chiots et les adultes
LES ANIMAUX DE COMPAGNIE gentil
LES ÉTRANGERS méfiant à moins qu'il n'ait été sociabilisé
SES CONGÉNÈRES gentil s'il a bien été sociabilisé

Propriétaire idéal

Une personne douce et affectueuse qui recherche un petit compagnon joueur et énergique à promener et à dresser.

Problèmes potentiels

Aboiements intempestifs. Supporte mal d'être séparé de son maître.

⚠ La robe soyeuse nécessite un brossage quotidien pour éviter les nœuds.

Pékinois

vif • courageux • fidèle • calme • distant • indépendant • têtu

TAILLE 15-23 cm • POIDS 4-5,5 kg • POIL Droit et long avec une crinière fournie et un épais sous-poil Nombreuses franges au niveau des oreilles, de l'arrière des pattes, de la queue et des doigts • COULEUR Toutes • ESPÉRANCE DE VIE 12-13 ans

Ceux qui développèrent le Pékinois à la Cour royale de Chine il y a bien longtemps, s'appliquèrent à lui donner les pattes les plus petites et les plus arquées possible afin qu'il ne puisse pas s'enfuir. Ce chien n'apprécie pas du tout l'exercice car, en plus de ses difficultés à courir, il possède une épaisse robe qui le rend très sensible à la chaleur et un museau effacé qui entrave sa respiration. En général, le Pékinois se montre distant, têtu et indépendant.

RACE CRÉÉE POUR tenir compagnie aux humains.

Caractéristiques particulières
Vif. Aime être entouré.

Activité physique
Faible. L'exercice est rendu particulièrement inconfortable par l'épaisse robe et les difficultés respiratoires entraînées par le museau très raccourci.

Attitude envers
SES MAÎTRES affectueux, fidèle
LES ENFANTS les enfants turbulents sont susceptibles de blesser les chiots et les adultes
LES ANIMAUX DE COMPAGNIE gentil
LES ÉTRANGERS distant
SES CONGÉNÈRES gentil s'il a bien été sociabilisé

Propriétaire idéal
Une personne douce et facile à vivre qui aimera câliner ce chien et s'occuper de sa robe.

Problèmes potentiels
Aboiements intempestifs.

⚠ L'abondante robe qui nécessite un brossage quotidien pour éviter les nœuds peut transporter boue et poussière dans votre intérieur. Les yeux saillants sont très exposés aux blessures. Le museau effacé entraîne des troubles respiratoires et un ronflement chronique.

Loulou de Poméranie

vif • extraverti • enjoué • affectueux

TAILLE 22-28 cm • POIDS 1,8-2,5 kg • POIL Long, droit et rêche avec un sous-poil doux et duveteux • COULEUR Toutes • ESPÉRANCE DE VIE 15 ans • AUTRE NOM Spitz

Enjoué, extraverti et enthousiaste, le Loulou de Poméranie se montre affectueux et dévoué à son maître. Il fait un bon chien de garde, mais sa tendance à aboyer doit être réprimée avant qu'elle ne devienne excessive.

RACE CRÉÉE POUR tenir compagnie aux humains.

Caractéristiques particulières
Vif. Aime être entouré.

Activité physique
Modérée. Aussi actif à la maison qu'en promenade.

Attitude envers
SES MAÎTRES affectueux, dévoué
LES ENFANTS les enfants turbulents sont susceptibles de blesser les chiots et les adultes
LES ANIMAUX DE COMPAGNIE gentil
LES ÉTRANGERS gentil s'il a bien été sociabilisé
SES CONGÉNÈRES gentil s'il a bien été sociabilisé

Propriétaire idéal
Une personne active, douce et affectueuse qui dispose d'assez de temps pour jouer et s'occuper du pelage.

⚠ La longue robe qui nécessite un brossage quotidien pour éviter les nœuds peut transporter boue et poussière dans votre intérieur.

Problèmes potentiels
Aboiements intempestifs.

La tête du Loulou a la forme d'une petite boule.

Carlin

simple • affectueux • travailleur • sociable • doux • joueur • obéissant • actif

TAILLE 25-28 cm • POIDS 6,5-8 kg • POIL Court, fin, doux et lustré • COULEUR Argent, abricot, fauve, noir. Masque, oreilles et marques d'un noir de jais sur les joues et le front • ESPÉRANCE DE VIE 13-14 ans

Indépendant et volontaire de nature, le Carlin est particulièrement énergique et déterminé. Ce chien peu commun et attachant fait un compagnon fidèle et joueur.

RACE CRÉÉE POUR tenir compagnie aux humains.

Caractéristiques particulières
Vif, joueur. Aime être entouré.

Activité physique
Faible. Trapu mais rapide.

Attitude envers
SES MAÎTRES affectueux, fidèle
LES ENFANTS les enfants turbulents sont susceptibles de blesser les chiots et les adultes
LES ANIMAUX DE COMPAGNIE gentil
LES ÉTRANGERS aimable
SES CONGÉNÈRES aimable

Propriétaire idéal
Une personne douce et affectueuse qui saura apprécier le tempérament joueur et indépendant de ce petit chien.

⚠ Les yeux saillants sont très exposés aux blessures. Le museau effacé entraîne des troubles respiratoires et un ronflement chronique.

Toy terrier américain

intelligent • vif • courageux • joueur • énergique • indépendant

TAILLE 24,5-25,5 cm • POIDS 2-3 kg • POIL Court et lisse • COULEUR Tricolore, feu et noir, noir et blanc • ESPÉRANCE DE VIE 13-14 ans

Vif, énergique et joueur, le Toy terrier américain ne supporte pas l'inactivité et s'avère un petit chasseur déterminé et rapide lorsque l'occasion se présente. Son excitabilité doit être très tôt compensée par une éducation visant à le rendre sociable et tolérant envers tous. Du reste, il se montre aimable et affectueux.

RACE CRÉÉE POUR chasser les rats, puis utilisée comme chien de compagnie.

Caractéristiques particulières

Vif, joueur. Aime être entouré.

Activité physique

Modérée. Aussi actif à la maison qu'en promenade.

Attitude envers

SES MAÎTRES affectueux, dévoué
LES ENFANTS les enfants turbulents sont susceptibles de blesser les chiots et les adultes
LES ANIMAUX DE COMPAGNIE parfois agressif envers les petits animaux
LES ÉTRANGERS gentil s'il a bien été sociabilisé
SES CONGÉNÈRES gentil s'il a bien été sociabilisé

Propriétaire idéal

Une personne dynamique et affectueuse qui recherche un petit chien gai et indépendant avec qui partager promenades et séances de jeu et de dressage.

Terrier du Yorkshire

vif • fougueux • affectueux • courageux • tenace • têtu

TAILLE 22,5-23,5 cm • POIDS 2,5-3,5 kg • POIL Long, fin, droit et soyeux au toucher • COULEUR Bleu acier soutenu et doré • ESPÉRANCE DE VIE 14 ans

Créé par les mineurs du Yorkshire pour tuer les rats, ce chien cache sous sa petite taille l'âme d'un chasseur fougueux et courageux. Têtu, tenace et joueur, le Yorkshire fait également un bon chien de garde dont la tendance à aboyer doit être réprimée. La longue robe doit être démêlée chaque jour grâce à un brossage minutieux.

RACE CRÉÉE POUR chasser et tuer les rats.

Caractéristiques particulières
Vif, joueur, fougueux.

Activité physique
Importante. Aussi actif à l'intérieur qu'à l'extérieur.

Attitude envers
SES MAÎTRES affectueux, fidèle
LES ENFANTS les enfants turbulents sont susceptibles de blesser les chiots et les adultes
LES ANIMAUX DE COMPAGNIE susceptible de tuer les petits animaux et de blesser les chats qu'il ne connaît pas
LES ÉTRANGERS gentil s'il a bien été sociabilisé
SES CONGÉNÈRES gentil s'il a bien été sociabilisé

Propriétaire idéal
Une personne active, douce et affectueuse qui pourra apporter à ce petit chien joyeux le jeu et l'exercice dont il a besoin.

Problèmes potentiels
Aboyeur s'il ne se dépense pas assez.

⚠ L'abondante robe qui nécessite un brossage quotidien pour éviter les nœuds peut transporter boue et poussière dans votre intérieur. Les poils qui couvrent le sommet du crâne doivent être attachés ou coupés pour que l'animal voie correctement.

Akita

fier • courageux • distant • calme • indépendant • peu démonstratif • têtu

TAILLE 61-71 cm • POIDS 34-50 kg • POIL De longueur moyenne, droit et rêche avec un sous-poil épais et doux • COULEUR Toutes • ESPÉRANCE DE VIE 10-12 ans

Distant et indépendant, l'Akita dévoile difficilement ses sentiments. Il se montre réservé avec les étrangers et nécessite une éducation riche en rencontres tout au long de sa vie pour demeurer tolérant à l'égard des humains comme des autres chiens. Cet animal puissant, courageux et déterminé conviendra très bien à une personne autoritaire et habituée à posséder un animal.

RACE CRÉÉE POUR chasser le gros gibier, garder maisons et troupeaux et participer à des combats de chiens.

Caractéristiques particulières

Déterminé. Possède une puissante musculature.

Activité physique

Modérée. Apprécie l'exercice.

Attitude envers

SES MAÎTRES fidèle, indépendant

LES ENFANTS protecteur mais assez intolérant

LES ANIMAUX DE COMPAGNIE susceptible de poursuivre et de tuer les petits animaux

LES ÉTRANGERS réservé, comportement de chien de garde

SES CONGÉNÈRES agressif à moins qu'il n'ait été sociabilisé

Propriétaire idéal

Une personne autoritaire, indépendante et expérimentée qui dispose de temps pour apporter à ce chien l'éducation, l'exercice et le jeu dont il a besoin.

Problèmes potentiels

Parfois agressif envers ses congénères. Peut faire preuve d'hostilité envers son maître si les places de dominé et de dominant ne sont pas bien définies au sein du foyer.

Esquimau d'Amérique

vif • actif • courageux • indépendant • affectueux

TAILLE Toy : 23-30 cm • Nain : 33-38 cm • Moyen : plus de 38 cm • POIDS Toy : 2,5-4,5 kg • Nain : 4,5-9 kg • Moyen : 9-16 kg • POIL Long et abondant avec un sous-poil dense • COULEUR Blanc • ESPÉRANCE DE VIE 12-13 ans

Il existe trois variétés différentes d'Esquimaux d'Amérique. Vif et énergique, il fait un bon chien de garde, méfiant et timide avec les étrangers. Avec son maître, il se montre fidèle et indépendant.

RACE CRÉÉE POUR être un chien de compagnie.

Caractéristiques particulières
Gai, joueur. Aime être entouré.

Activité physique
Importante. Très endurant.

Attitude envers
SES MAÎTRES affectueux, fidèle
LES ENFANTS gentil s'il a grandi à leurs côtés
LES ANIMAUX DE COMPAGNIE gentil s'ils ont grandi ensemble
LES ÉTRANGERS méfiant à moins qu'il n'ait été sociabilisé
SES CONGÉNÈRES gentil s'il a bien été sociabilisé

Propriétaire idéal
Une personne active, patiente et calme qui pourra accorder assez de temps au brossage, au jeu et à l'exercice.

Problèmes potentiels
Aboiements intempestifs. Apprentissage difficile de la propreté. Tendance à mâchonner tout ce qu'il trouve quand il s'ennuie.

⚠ La robe, qui nécessite un brossage quotidien pour éviter les nœuds, peut transporter boue et poussière dans votre intérieur. Ce chien tolère très mal les fortes chaleurs.

Terrier de Boston

enjoué • déterminé • attentionné • sensible • facile à vivre • extraverti

TAILLE 38-43 cm • POIDS 6,8-11,5 kg • POIL Court, lisse et fin • COULEUR Bringé avec des marques noires, noir avec des marques blanches • ESPÉRANCE DE VIE 13 ans

Très différent des autres terriers, ce chien préfère la compagnie des humains à la chasse et aux mauvais tours qu'affectionnent ses cousins. Sensible et attentionné, il fait un compagnon affectueux et facile à vivre.

RACE CRÉÉE POUR tenir compagnie aux humains.

Caractéristiques particulières
Vif, joueur. Aime être entouré.

Activité physique
Modérée. Assez peu demandeur.

Attitude envers
SES MAÎTRES affectueux, fidèle
LES ENFANTS gentil
LES ANIMAUX DE COMPAGNIE plutôt gentil
LES ÉTRANGERS aimable s'il a bien été sociabilisé
SES CONGÉNÈRES aimable s'il a bien été sociabilisé

Propriétaire idéal
Une personne douce, facile à vivre et sociable qui aime jouer avec son compagnon.

⚠ Les yeux saillants sont très exposés aux blessures. Le museau effacé entraîne des troubles respiratoires et un ronflement chronique. Les chiennes mettent rarement bas par voies naturelles car le crâne des petits est très large.

Bulldog

gentil • courageux • tenace • vif • hardi • affectueux • têtu

TAILLE 31-36 cm • POIDS 23-25 kg • POIL Fin, court, serré et lisse • COULEUR Unicolore ou couleur unie teintée de blanc • ESPÉRANCE DE VIE 8-9 ans

Affectueux, déterminé et courageux, le Bulldog est dévoué à son maître. Sociable avec les étrangers, il doit être correctement éduqué pour se montrer tolérant envers ses congénères. Sa morphologie un peu handicapante ne lui permet pas d'être très actif.

RACE CRÉÉE POUR participer à des combats contre des ours, des taureaux et d'autres chiens.

Caractéristiques particulières

Vif, affectueux.

Activité physique

Faible. Son corps disgracieux et ses difficultés respiratoires rendent l'exercice inconfortable.

Attitude envers

SES MAÎTRES affectueux, dévoué
LES ENFANTS gentil
LES ANIMAUX DE COMPAGNIE gentil
LES ÉTRANGERS aimable
SES CONGÉNÈRES parfois agressif

Propriétaire idéal

Une personne affectueuse et tolérante qui saura apprécier ce chien lent au caractère bien trempé.

Problèmes potentiels

Agressif envers ses congénères s'il se sent provoqué.

Le museau raccourci occasionne une saillie en avant de la mâchoire inférieure. Les dents du bas chevauchent parfois celles du haut.

⚠ Les plis du museau et de la queue doivent être nettoyés régulièrement. Le museau effacé entraîne une salivation excessive, des troubles respiratoires et un ronflement chronique, surtout par temps chaud. Les chiennes ne mettent jamais bas par voies naturelles, car le crâne des petits est très large. Une césarienne est nécessaire.

Chien de Canaan

agile • vif • résolu • vigilant • méfiant envers les étrangers

TAILLE 50-60 cm • POIDS 18-25 kg • POIL Dense, rude et droit, court ou moyennement long avec un sous-poil abondant et serré • COULEUR Sable à brun roux, blanc, noir, tacheté, avec ou sans masque noir symétrique • ESPÉRANCE DE VIE 12-13 ans • Classé dans la catégorie « gardiens de bétail » aux États-Unis

Vif et bon gardien, le Chien de Canaan se montre distant mais réceptif et dévoué à son maître. Avec son instinct de chasseur vif, il a parfois du mal à s'entendre avec les étrangers et les autres chiens.

RACE CRÉÉE POUR garder et mener les troupeaux, pister le gibier.

Caractéristiques particulières
Vif, agile, curieux.

Activité physique
Modérée. Adore l'exercice.

Attitude envers
SES MAÎTRES distant, réceptif
LES ENFANTS gentil s'il a grandi à leurs côtés
LES ANIMAUX DE COMPAGNIE agressif envers les petits animaux, susceptible de poursuivre les chats
LES ÉTRANGERS distant, méfiant
SES CONGÉNÈRES parfois agressif

Propriétaire idéal
Une personne active, indépendante et expérimentée qui dispose d'assez de temps pour promener, distraire et dresser son compagnon.

Problèmes potentiels
Parfois agressif envers ses congénères.

Chow-chow

distant • indépendant • têtu • volontaire • calme • protecteur • fidèle

TAILLE 46-56 cm • POIDS 20-32 kg • POIL Variété à poil dur : Abondant, dense et droit avec un sous-poil doux et cotonneux • Variété à poil lisse : Court, abondant, dense et lisse • COULEUR Rouge, noir, crème, bleu, fauve. Langue bleu noir • ESPÉRANCE DE VIE 11-12 ans

Il faut beaucoup d'optimisme pour adopter ce chien. Indépendant, têtu et réservé, il n'est ni très tolérant ni très joueur et refuse souvent d'être caressé. Il supporte également très mal la chaleur à cause de son épaisse robe.

RACE CRÉÉE POUR chasser, mener et garder les troupeaux, tirer les traîneaux. Élevée à l'origine pour sa viande et sa fourrure.

Caractéristiques particulières
Calme, indépendant, peu joueur.

Activité physique
Faible.

La langue du Chow-chow est d'un bleu noir caractéristique.

Attitude envers
SES MAÎTRES distant, indépendant
LES ENFANTS peu sociable, intolérant, peu joueur
LES ANIMAUX DE COMPAGNIE parfois agressif
LES ÉTRANGERS méfiant, comportement de chien de garde
SES CONGÉNÈRES parfois agressif

Propriétaire idéal
Une personne autoritaire et expérimentée qui aime les chiens indépendants qui ne recherchent pas le contact et ne réclament aucune attention particulière.

Problèmes potentiels
Très irritable en été car il supporte mal la chaleur. N'apprécie pas les caresses, surtout de la part des étrangers. Parfois possessif avec ses jouets et sa gamelle.

Dalmatien

très endurant • extraverti • affectueux • très dynamique

TAILLE 56-61 cm • POIDS 23-25 kg • POIL Court, dur et lisse • COULEUR Fond blanc immaculé avec des taches noires plus ou moins nombreuses et des taches foie et brun ou foie • ESPÉRANCE DE VIE 12 ans

Avec ce pelage et cette élégance caractéristiques, on oublie souvent que le Dalmatien est un chien qui aime par-dessus tout courir et possède une énergie et une agilité peu communes. Il a besoin d'énormément d'exercice pour être aussi aimable et affectueux qu'il ne l'est d'ordinaire. Dès son plus jeune âge, il doit être habitué à la compagnie des autres chiens pour demeurer tolérant.

RACE CRÉÉE POUR accompagner les calèches.

Caractéristiques particulières
Très endurant. Aime courir.

Activité physique
Importante. Il a besoin de longues promenades énergiques pour être calme à la maison.

Attitude envers
SES MAÎTRES affectueux, dévoué
LES ENFANTS gentil s'il a grandi à leurs côtés
LES ANIMAUX DE COMPAGNIE gentil, susceptible de les poursuivre
LES ÉTRANGERS aimable s'il a bien été sociabilisé
SES CONGÉNÈRES parfois agressif

Propriétaire idéal
Une personne active et dynamique qui recherche un animal avec qui partager de longues marches.

Problèmes potentiels
Parfois difficile à contrôler en promenade. Susceptible de fuguer s'il ne se dépense pas assez.

Bouledogue français

courageux • vif • affectueux • réceptif

TAILLE 30-31 cm • POIDS 11-12,5 kg • POIL Fin, lisse et court • COULEUR Bringé, pie ou fauve • ESPÉRANCE DE VIE 11-12 ans

Gai et affectueux, le Bouledogue français est un gentil compagnon, vif et joueur, qui ne nécessite pas énormément d'exercice. Il doit cependant être correctement éduqué pour se montrer tolérant envers ses congénères.

RACE CRÉÉE à partir de chiens de combat et utilisée comme chien de compagnie.

Caractéristiques particulières
Vif, affectueux, joueur.

Activité physique
Faible. Supporte mal la chaleur.

Attitude envers
SES MAÎTRES affectueux, dévoué
LES ENFANTS gentil s'il a grandi à leurs côtés
LES ANIMAUX DE COMPAGNIE gentil
LES ÉTRANGERS aimable
SES CONGÉNÈRES aimable s'il a bien été sociabilisé

Propriétaire idéal
Une personne affectueuse et sociable qui saura apprécier le tempérament doux de ce petit chien.

⚠ Le museau effacé entraîne des troubles respiratoires et un ronflement chronique, surtout par temps chaud. Les plis du museau doivent être nettoyés quotidiennement.

Spitz allemand

Le Spitz allemand existe en deux variétés : le Klein (petit) et le Mittel (moyen), mais on trouve aussi une variété géante. Tous sont aussi fougueux et réceptifs les uns que les autres. Leur abondante robe doit être brossée quotidiennement et en douceur, car c'est une chose qu'ils n'apprécient pas vraiment. Parfois agressifs envers les étrangers et leurs congénères, ils font de bons chiens de garde.

Klein

actif • vif • indépendant • résolu • curieux • hardi

TAILLE 23-29 cm • POIDS 8-10 kg • POIL Long et dur avec un sous-poil doux et laineux. Très abondant autour du cou et à la queue • COULEUR Toutes • ESPÉRANCE DE VIE 14-15 ans

RACE CRÉÉE POUR être utilisée comme chien de garde et de compagnie.

Caractéristiques particulières
Vif, réactif, enjoué.

Activité physique
Modérée.

Attitude envers
SES MAÎTRES affectueux, fidèle
LES ENFANTS les enfants turbulents sont susceptibles de blesser les chiots et les adultes
LES ANIMAUX DE COMPAGNIE parfois agressif
LES ÉTRANGERS réservé à moins qu'il n'ait été sociabilisé, comportement de chien de garde
SES CONGÉNÈRES agressif à moins qu'il n'ait été sociabilisé

Propriétaire idéal
Une personne active et expérimentée qui pourra accorder beaucoup de temps au jeu, aux promenades et aux soins de la fourrure.

Problèmes potentiels
Aboiements intempestifs.

Mittel

actif • vif • indépendant • résolu • curieux • hardi

TAILLE 30-38 cm • POIDS 10,5-11,5 kg • POIL Long et dur avec un sous-poil doux et laineux. Très abondant autour du cou et à la queue • COULEUR Toutes • ESPÉRANCE DE VIE 13-14 ans

RACE CRÉÉE POUR travailler à la ferme puis utilisée comme chien de compagnie.

Caractéristiques particulières
Vif, réactif, enjoué.

Activité physique
Modérée.

Attitude envers
SES MAÎTRES affectueux, fidèle
LES ENFANTS les enfants turbulents sont susceptibles de blesser les chiots et les adultes
LES ANIMAUX DE COMPAGNIE parfois agressif
LES ÉTRANGERS réservé, à moins qu'il n'ait été sociabilisé, comportement de chien de garde
SES CONGÉNÈRES agressif à moins qu'il n'ait été sociabilisé

Propriétaire idéal
Une personne active et expérimentée qui pourra accorder beaucoup de temps au jeu, aux promenades et aux soins de la fourrure.

Problèmes potentiels
Aboiements intempestifs.

La robe qui nécessite un brossage quotidien pour éviter les nœuds peut transporter boue et poussière dans votre intérieur.

Shiba

résolu • enjoué • affectueux • calme • indépendant • fougueux

TAILLE 36,5-39,5 cm • POIDS 8-10 kg • POIL Droit et dur avec un sous-poil dense et doux • COULEUR Roux plus ou moins soutenu, noir et feu, blanc • ESPÉRANCE DE VIE 12-13 ans

Distant et indépendant, le Shiba dévoile difficilement ses sentiments. Calme et plutôt silencieux, il se montre réservé avec les étrangers et doit être correctement éduqué pour demeurer tolérant à l'égard des autres chiens. En revanche, il recherche la compagnie de son maître avec qui il est assez joueur.

RACE CRÉÉE POUR chasser le petit gibier, puis utilisée comme chien de compagnie.

Caractéristiques particulières
Vif, joueur. Aime être entouré.

Activité physique
Modérée. Apprécie l'exercice avec son maître.

Attitude envers
SES MAÎTRES affectueux, distant
LES ENFANTS gentil s'il a grandi à leurs côtés
LES ANIMAUX DE COMPAGNIE gentil s'ils ont grandi ensemble
LES ÉTRANGERS réservé, distant
SES CONGÉNÈRES parfois agressif

Propriétaire idéal
Une personne autoritaire et expérimentée qui appréciera de promener, de dresser et de jouer avec ce chien.

Problèmes potentiels
Fait parfois preuve d'hostilité envers son maître si les places de dominé et de dominant ne sont pas bien définies au sein du foyer. Parfois agressif envers ses congénères.

Spitz japonais

affectueux • méfiant envers les étrangers • vif • hardi • enjoué • indépendant

TAILLE 30-36 cm • POIDS 5-6 kg • POIL Droit avec un sous-poil court, abondant et dense • COULEUR Blanc • ESPÉRANCE DE VIE 12 ans

Le Spitz japonais est un bon chien de garde enjoué et hardi qui se montre méfiant envers les étrangers, mais affectueux et fidèle à son maître.

⚠ La robe qui nécessite un brossage quotidien pour éviter les nœuds peut transporter boue et poussière dans votre intérieur.

RACE CRÉÉE POUR tenir compagnie aux humains.

Caractéristiques particulières
Vif, joueur. Aime être entouré.

Activité physique
Modérée. Aussi actif à la maison qu'en promenade.

Attitude envers
SES MAÎTRES affectueux, fidèle
LES ENFANTS gentil s'il a grandi à leurs côtés
LES ANIMAUX DE COMPAGNIE gentil s'ils ont grandi ensemble
LES ÉTRANGERS méfiant, réservé
SES CONGÉNÈRES gentil s'il a bien été sociabilisé

Propriétaire idéal
Une personne active et affectueuse qui pourra accorder beaucoup de temps au jeu, aux promenades, au dressage et aux soins de la fourrure.

Problèmes potentiels
Aboiements intempestifs.

Spitz-loup

robuste • sensible • facile à vivre • hardi • vif • affectueux

TAILLE 43-46 cm • POIDS 25-30 kg • POIL Dur et droit avec un sous-poil épais et doux • COULEUR Mélange de gris et de noir • ESPÉRANCE DE VIE 12-14 ans

L'aboiement fort et la vivacité du Spitz-loup en font un bon chien de garde. Cet animal actif a besoin d'une éducation riche en rencontres et en exercice pour se montrer aimable et sociable.

RACE CRÉÉE POUR garder les fermes et les péniches.

Caractéristiques particulières
Aboyeur, vif, excitable.

Activité physique
Modérée. Aussi actif à l'intérieur qu'à l'extérieur.

Attitude envers
SES MAÎTRES affectueux, fidèle
LES ENFANTS gentil s'il a grandi à leurs côtés
LES ANIMAUX DE COMPAGNIE gentil s'ils ont grandi ensemble
LES ÉTRANGERS aimable s'il a bien été sociabilisé
SES CONGÉNÈRES aimable s'il a bien été sociabilisé

> ⚠ La robe qui nécessite un brossage quotidien pour éviter les nœuds peut transporter boue et poussière dans votre intérieur.

Propriétaire idéal
Une personne active et affectueuse qui pourra accorder beaucoup de temps au jeu, aux promenades et aux soins de la fourrure.

Problèmes potentiels
Aboiements intempestifs.

Lhassa Apso

volontaire • vif • calme • résolu • méfiant envers les étrangers • têtu

TAILLE 25-28 cm • POIDS 6-7 kg • POIL Long, abondant, rêche et droit avec un sous-poil assez dense • COULEUR Doré, sable, miel, gris foncé, ardoise, bringé, particolore, noir, blanc, brun • ESPÉRANCE DE VIE 12-14 ans

Originaire du Tibet, le Lhassa Apso est un très bon gardien, vif et réservé avec les étrangers, et dont on doit surveiller la tendance à aboyer. Étant donné que sa robe nécessite un brossage quotidien, il est important de l'habituer jeune au contact physique, car c'est une chose dont il n'est naturellement pas très friand. Une éducation visant à le rendre sociable est indispensable pour qu'il se montre tolérant envers ses congénères.

RACE CRÉÉE POUR tenir compagnie aux moines.

Caractéristiques particulières
Vif, aboyeur.

Activité physique
Modérée. Capable de marcher très longtemps.

Attitude envers
SES MAÎTRES affectueux, fidèle
LES ENFANTS gentil s'il a grandi à leurs côtés
LES ANIMAUX DE COMPAGNIE gentil s'ils ont grandi ensemble
LES ÉTRANGERS distant, réservé
SES CONGÉNÈRES parfois agressif

Propriétaire idéal
Une personne tolérante et expérimentée qui dispose d'assez de temps pour s'occuper de la robe de ce chien et le sociabiliser.

Problèmes potentiels
Aboiements intempestifs. Agressif envers son maître quand il n'obtient pas ce qu'il désire.

⚠ La longue robe nécessite un brossage quotidien pour éviter les nœuds. Certains propriétaires préfèrent la faire raccourcir par le toiletteur. Les poils qui couvrent les yeux doivent être attachés ou coupés pour que l'animal voie correctement.

Schnauzers

Ces chiens gais proches des Terriers sont curieux et obstinés, mais aussi aimables et joueurs. Avec leur maître, ils se montrent réceptifs et affectueux. Particulièrement aboyeurs, ils font d'excellents chiens de garde.

Nain

vif • fiable • docile • curieux • enthousiaste • obstiné

TAILLE 33-36 cm • POIDS 6-7 kg • POIL Rêche et dur avec un épais sous-poil • COULEUR Toutes les nuances poivre et sel • ESPÉRANCE DE VIE 14 ans • Classé dans la catégorie « Terriers » aux États-Unis

RACE CRÉÉE POUR chasser les rats, puis utilisée comme chien de compagnie.

Caractéristiques particulières

Vif, joueur. Aime être entouré.

Activité physique

Modérée. Aussi actif à la maison qu'en promenade.

Attitude envers

SES MAÎTRES affectueux, fidèle
LES ENFANTS gentil s'il a grandi à leurs côtés
LES ANIMAUX DE COMPAGNIE gentil s'ils ont grandi ensemble
LES ÉTRANGERS aimable s'il a bien été sociabilisé
SES CONGÉNÈRES aimable s'il a bien été sociabilisé

Propriétaire idéal

Une personne active, volontaire et affectueuse qui apprécie autant le rituel du brossage que les séances de dressage et de jeu.

Problèmes potentiels

Aboiements intempestifs.

Moyen

vif • fiable • docile • curieux • enthousiaste • obstiné

TAILLE 46-48 cm • POIDS 14,5-15,5 kg • POIL Rêche et dur avec un épais sous-poil • COULEUR Noir de jais ou poivre et sel • ESPÉRANCE DE VIE 12-14 ans

RACE CRÉÉE POUR chasser les rats et garder les maisons, puis utilisée comme chien de compagnie.

Caractéristiques particulières
Vif, joueur. Aime être entouré.

Activité physique
Modérée. Aussi actif à la maison qu'en promenade.

Attitude envers
SES MAÎTRES affectueux, fidèle
LES ENFANTS gentil s'il a grandi à leurs côtés
LES ANIMAUX DE COMPAGNIE gentil s'ils ont grandi ensemble
LES ÉTRANGERS aimable s'il a bien été sociabilisé
SES CONGÉNÈRES aimable s'il a bien été sociabilisé

Propriétaire idéal
Une personne active, volontaire et affectueuse qui apprécie autant le rituel du brossage que les séances de dressage et de jeu.

Problèmes potentiels
Aboiements intempestifs.

⚠ La robe dure nécessite un brossage quotidien pour éviter les nœuds, ainsi qu'un toilettage régulier.

Caniches

Il existe trois variétés de Caniches : le Toy (petit), le Nain (moyen) et le Moyen (grand). Enjoués, fougueux et réceptifs, ils se dressent très facilement et font de fidèles compagnons. Les tontes obligatoires lors des expositions leur donnent parfois l'air frivole et, pourtant, ce sont des travailleurs sérieux, volontaires et faciles à vivre qui conviennent très bien aux personnes actives. Leur robe doit être toilettée régulièrement. (La tonte de concours est une exagération d'un toilettage visant à protéger les articulations de l'eau froide. Les propriétaires de Caniches et les chiens eux-mêmes préfèrent les tontes simples).

Nain

fougueux • facile à vivre • docile • affectueux • calme • fiable

TAILLE 28-38 cm (plus grand que le Toy) • POIDS 12-14 kg • POIL Très abondant et dense. Ne mue pas • COULEUR Toutes les couleurs unies • ESPÉRANCE DE VIE 14-15 ans

RACE CRÉÉE POUR tenir compagnie aux humains.

Caractéristiques particulières
Vif, joueur. Aime être entouré.

Activité physique
Modérée.

Attitude envers
SES MAÎTRES affectueux, réceptif
LES ENFANTS gentil
LES ANIMAUX DE COMPAGNIE gentil
LES ÉTRANGERS aimable s'il a bien été sociabilisé
SES CONGÉNÈRES aimable s'il a bien été sociabilisé

Propriétaire idéal
Une personne active et affectueuse qui recherche un petit chien dynamique et apprécie le brossage, les promenades, les séances de jeu et de dressage.

Moyen

fougueux • facile à vivre • docile • affectueux • calme • fiable

TAILLE 37,5-38,5 cm • POIDS 20,5-32 kg • POIL Très abondant et dense. Ne mue pas • COULEUR Toutes les couleurs unies • ESPÉRANCE DE VIE 11-13 ans

RACE CRÉÉE POUR rapporter le gibier d'eau.

Caractéristiques particulières
Gai, joueur. Aime être entouré.

Activité physique
Importante. Apprécie la course.

Attitude envers
SES MAÎTRES affectueux, réceptif
LES ENFANTS gentil
LES ANIMAUX DE COMPAGNIE gentil
LES ÉTRANGERS aimable
SES CONGÉNÈRES aimable

Propriétaire idéal
Une personne active et affectueuse qui apprécie autant le rituel du brossage que les promenades dynamiques et les séances de jeu et de dressage.

✔ Recommandé aux propriétaires novices et aux personnes allergiques. Il est très important de trouver un chien dépourvu de maladies héréditaires.

Toy

fougueux • facile à vivre • docile • affectueux • calme • fiable

TAILLE 25-28 cm • POIDS 6,5-7,5 kg • POIL Très abondant et dense. Ne mue pas • COULEUR Toutes les couleurs unies • ESPÉRANCE DE VIE 14-15 ans

RACE CRÉÉE POUR tenir compagnie aux humains.

Caractéristiques particulières
Vif, joueur. Aime être entouré.

Activité physique
Modérée.

Attitude envers
SES MAÎTRES affectueux, réceptif
LES ENFANTS les enfants turbulents sont susceptibles de blesser les chiots et les adultes
LES ANIMAUX DE COMPAGNIE gentil
LES ÉTRANGERS aimable s'il a bien été sociabilisé
SES CONGÉNÈRES aimable s'il a bien été sociabilisé

Propriétaire idéal
Une personne active et affectueuse qui recherche un petit chien dynamique et apprécie autant le rituel du brossage que les promenades et les séances de jeu et de dressage.

⚠ La robe doit être toilettée régulièrement.

Schipperke

enjoué • vif • facile à vivre • réceptif • fidèle • curieux

TAILLE 22-33 cm • POIDS 5,5-7,5 kg • POIL Abondant, dur et dense • COULEUR Surtout noir, mais les autres couleurs unies sont tolérées • ESPÉRANCE DE VIE 12-13 ans

Méfiant envers les étrangers, le Schipperke se montre affectueux et fidèle à son maître. Particulièrement aboyeur, il fait un très bon chien de garde, mais cette tendance, aussi utile soit-elle, doit être réprimée avant de devenir excessive. Vif, énergique et curieux, il lui faut une éducation visant à le rendre sociable pour qu'il demeure tolérant envers ses congénères.

RACE CRÉÉE POUR garder les péniches, puis utilisée comme chien de compagnie.

Caractéristiques particulières
Vif, vigilant, joueur.

⚠ L'épaisse robe nécessite des soins quotidiens.

Activité physique
Importante. Aussi actif à la maison qu'en promenade.

Attitude envers
SES MAÎTRES affectueux, fidèle
LES ENFANTS gentil s'il a grandi à leurs côtés
LES ANIMAUX DE COMPAGNIE parfois agressif envers les petits animaux
LES ÉTRANGERS méfiant, comportement de chien de garde
SES CONGÉNÈRES parfois agressif

Propriétaire idéal
Une personne active et affectueuse qui aime s'occuper de la robe de son chien et lui apporter l'exercice et l'éducation dont il a besoin.

Problèmes potentiels
Aboiements intempestifs. Apprentissage difficile de la propreté.

Shar Pei

calme • indépendant • affectueux • volontaire • distant

TAILLE 46-51cm • POIDS 16-20 kg • POIL Dur et sans sous-poil • COULEUR Toutes les couleurs unies • ESPÉRANCE DE VIE 11-12 ans

Facile à vivre et volontaire, le Shar Pei est un chien indépendant et distant de nature qui a besoin d'une éducation riche en rencontres pour se montrer sociable et tolérant envers ses congénères.

RACE CRÉÉE POUR chasser et participer à des combats de chiens.

Caractéristiques particulières
Courageux, tenace.

Activité physique
Modérée.

L'excès de peau entraîne souvent de douloureuses affections de l'œil. Les plis nécessitent donc quotidiennement un nettoyage en profondeur.

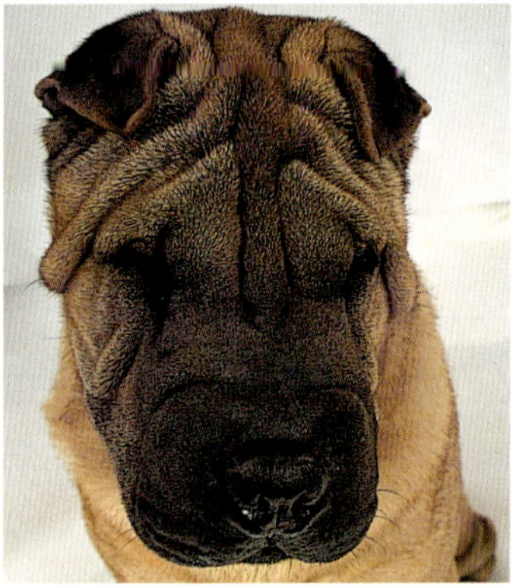

Attitude envers
SES MAÎTRES affectueux, distant
LES ENFANTS gentil s'il a grandi à leurs côtés
LES ANIMAUX DE COMPAGNIE parfois agressif envers les petits animaux
LES ÉTRANGERS gentil s'il a bien été sociabilisé
SES CONGÉNÈRES parfois agressif

Propriétaire idéal
Une personne autoritaire et affectueuse qui dispose d'assez de temps pour habituer cet animal à la compagnie des humains et des chiens.

⚠ Prenez garde à sélectionner une lignée saine dont les paupières n'ont subi aucune intervention chirurgicale.

Shih Tzu

actif • vif • affectueux • indépendant

TAILLE 25-27 cm • POIDS 4,5-7,5 kg • POIL Long et dense avec un épais sous-poil • COULEUR Toutes • ESPÉRANCE DE VIE 12-14 ans • Classé dans la catégorie « chiens d'agrément » aux États-Unis

On confond souvent le Shih Tzu avec le Lhassa Apso en raison de leur apparence très proche. À la différence de son cousin, le Shih Tzu possède un museau plus effacé et se montre plus facile à vivre. Aimable avec tous s'il a été correctement sociabilisé, il est joueur et dévoué à son maître.

RACE CRÉÉE POUR tenir compagnie aux humains.

Caractéristiques particulières
Vif, joueur. Aime être entouré.

Activité physique
Faible.

Attitude envers
SES MAÎTRES affectueux, dévoué
LES ENFANTS gentil s'il a grandi à leurs côtés
LES ANIMAUX DE COMPAGNIE gentil s'ils ont grandi ensemble
LES ÉTRANGERS aimable s'il a bien été sociabilisé
SES CONGÉNÈRES aimable s'il a bien été sociabilisé

Propriétaire idéal
Une personne active, sensible et affectueuse qui apprécie les séances de brossage, de jeu et de dressage.

⚠ La robe qui nécessite un brossage quotidien pour éviter les nœuds peut transporter boue et poussière dans votre intérieur. Les poils qui couvrent les yeux doivent être attachés ou coupés pour que l'animal puisse voir correctement. Les yeux saillants sont très exposés aux blessures. Le museau effacé entraîne des troubles respiratoires.

Épagneul tibétain

volontaire • joueur • vif • fidèle • résolu • indépendant

TAILLE 24-25 cm • POIDS 4-7 kg • POIL Soyeux avec un sous-poil fin et épais • COULEUR Toutes • ESPÉRANCE DE VIE 13-14 ans

L'Épagneul tibétain n'a probablement jamais été utilisé pour la chasse. Ce cousin du Pékinois, joueur, gai et indépendant, est très facile à vivre mais assez aboyeur.

RACE CRÉÉE POUR être utilisée comme chien de garde et de compagnie par les moines tibétains.

Caractéristiques particulières
Vif, curieux, aboyeur.

Activité physique
Modérée. Aime se dépenser dans le jardin ou la cour.

Attitude envers
SES MAÎTRES affectueux, fidèle
LES ENFANTS les enfants turbulents sont susceptibles de blesser les chiots et les adultes
LES ANIMAUX DE COMPAGNIE gentil
LES ÉTRANGERS aboyeur mais aimable
SES CONGÉNÈRES aimable

Propriétaire idéal
Une personne active et sociable qui recherche un animal avec qui partager promenades énergiques et nombreux jeux.

Problèmes potentiels
Aboiements intempestifs.

⚠ Les yeux saillants sont très exposés aux blessures. La robe qui nécessite un brossage quotidien pour éviter les nœuds peut transporter boue et poussière dans votre intérieur.

Terrier tibétain

enjoué • fidèle • extraverti • vif • distant avec les étrangers • obstiné

TAILLE 36-41 cm • POIDS 8-14 kg • POIL Abondant et fin avec un sous-poil laineux et fin • COULEUR Toutes sauf foie et chocolat • ESPÉRANCE DE VIE 13-14 ans

Terrier seulement de nom, ce chien enjoué, extraverti et affectueux avec son maître se montre en revanche réservé et distant avec les étrangers et fait, par conséquent, un bon chien de garde. Les propriétaires doivent surveiller de près sa tendance à aboyer.

RACE CRÉÉE POUR garder les monastères tibétains et tenir compagnie aux moines.

Caractéristiques particulières
Vif, aboyeur, protecteur.

Activité physique
Modérée. Agile et énergique.

Attitude envers
SES MAÎTRES affectueux, fidèle
LES ENFANTS gentil s'il a grandi à leurs côtés
LES ANIMAUX DE COMPAGNIE gentil s'ils ont grandi ensemble
LES ÉTRANGERS distant, réservé
SES CONGÉNÈRES tolérant s'il a bien été sociabilisé

Propriétaire idéal
Une personne expérimentée, active et autoritaire qui dispose d'assez de temps pour brosser son animal, le promener, le dresser et jouer avec lui.

Problèmes potentiels
Aboiements intempestifs.

⚠ La robe qui nécessite un brossage quotidien pour éviter les nœuds peut transporter boue et poussière dans votre intérieur. Les poils qui couvrent les yeux doivent être attachés ou coupés pour que l'animal voie correctement.

Malamute de l'Alaska

affectueux • aimable • fidèle • dévoué • distant • fier • têtu

TAILLE 58-71 cm • POIDS 38-56 kg • POIL Épais et rêche avec un sous-poil dense • COULEUR De gris clair à noir en passant par toutes les nuances intermédiaires, doré tirant vers le roux jusqu'au foie, toujours avec le ventre, les pattes et le masque blanc • ESPÉRANCE DE VIE 12 ans

Fort, puissant et endurant, le Malamute de l'Alaska est un chien indépendant et distant de nature qui exécute les ordres de son maître uniquement s'il y trouve son compte. Aimable, tolérant et affectueux avec les humains, il doit être habitué très tôt à la compagnie de ses congénères pour se montrer tolérant à leur égard.

RACE CRÉÉE POUR tirer les traîneaux en Antarctique.

Caractéristiques particulières
Endurant, puissant.

Activité physique
Importante. A besoin de beaucoup d'exercice.

⚠ Ce chien supporte très mal la chaleur et sème énormément de poils dans la maison.

Attitude envers

SES MAÎTRES affectueux mais peu démonstratif
LES ENFANTS gentil s'il a grandi à leurs côtés
LES ANIMAUX DE COMPAGNIE gentil s'ils ont grandi ensemble
LES ÉTRANGERS distant
SES CONGÉNÈRES parfois agressif

Propriétaire idéal
Une personne active et énergique qui saura canaliser l'énergie débordante de cet animal.

Problèmes potentiels
Parfois agressif envers les autres chiens. Hostile lorsque l'on s'approche de sa gamelle.

Berger de Beauce

polyvalent • hardi • calme • courageux • docile

TAILLE 63-70 cm • POIDS 30-39 kg • POIL Court, dur et épais • COULEUR Noir et feu • ESPÉRANCE DE VIE 11-13 ans • Classé dans la catégorie « divers » aux États-Unis

Le Berger de Beauce est un travailleur zélé, calme, perspicace, fiable et débordant d'énergie. Ce chien joueur, fort et protecteur doit être habitué jeune à la compagnie des humains et de ses congénères si l'on veut qu'il se montre sociable.

RACE CRÉÉE POUR garder et mener le bétail.

Attitude envers

SES MAÎTRES affectueux, protecteur
LES ENFANTS gentil s'il a grandi à leurs côtés
LES ANIMAUX DE COMPAGNIE gentil s'ils ont grandi ensemble
LES ÉTRANGERS aimable s'il a bien été sociabilisé
SES CONGÉNÈRES aimable s'il a bien été sociabilisé

Propriétaire idéal

Une personne expérimentée, active et autoritaire qui pourra donner un travail à ce chien intelligent et lui apporter l'exercice, le jeu et l'éducation dont il a besoin.

Problèmes potentiels

Agressif envers les étrangers s'il n'a pas été correctement sociabilisé.

Caractéristiques particulières

Actif, protecteur. Possède un double ergot sur chaque membre postérieur.

Activité physique

Importante. Adore l'exercice.

Bouvier bernois

résolu • facile à vivre • affectueux • courageux • protecteur

TAILLE 58-70 cm • POIDS 40-44 kg • POIL Doux, soyeux, de longueur moyenne et naturellement lustré • COULEUR Tricolore • ESPÉRANCE DE VIE 8-9 ans

Fort et facile à vivre, ce chien protecteur et volontaire a besoin d'un maître gentil mais autoritaire. Placé entre de bonnes mains, le Bouvier bernois se montre affectueux, enjoué et extraverti.

RACE CRÉÉE POUR tirer les charrettes.

Caractéristiques particulières
Fort, protecteur.

Activité physique
Modérée. Apprécie l'exercice et le jeu.

Attitude envers
SES MAÎTRES affectueux, fidèle
LES ENFANTS gentil s'il a grandi à leurs côtés
LES ANIMAUX DE COMPAGNIE gentil s'ils ont grandi ensemble
LES ÉTRANGERS aimable s'il a bien été sociabilisé
SES CONGÉNÈRES aimable s'il a bien été sociabilisé

⚠ Les babines tombantes occasionnent une salivation excessive.

Propriétaire idéal
Une personne expérimentée, facile à vivre, autoritaire, forte physiquement et en mesure d'apporter à cet animal l'exercice, le jeu et l'éducation dont il a besoin.

Problèmes potentiels
Certaines lignées se montrent assez agressives, surtout lorsque l'on pénètre sur leur territoire.

Grand Bouvier suisse

résolu • facile à vivre • affectueux • courageux • protecteur

TAILLE 60-72 cm • POIDS 59-61 kg • POIL Court, dense et lustré • COULEUR Tricolore • ESPÉRANCE DE VIE 10-11 ans

Plus grand que le Bouvier bernois, le Grand Bouvier suisse est doué d'un tempérament fort et protecteur. Ce puissant géant, s'il a été correctement sociabilisé, se montre sociable, joyeux et doux, mais la prudence est de mise quand il est avec d'autres chiens.

RACE CRÉÉE POUR tirer les charrettes.

Caractéristiques particulières

Fort, protecteur.

Activité physique

Modérée. Apprécie l'exercice et le jeu.

Attitude envers

SES MAÎTRES affectueux, fidèle
LES ENFANTS gentil
LES ANIMAUX DE COMPAGNIE gentil
LES ÉTRANGERS gentil s'il a bien été sociabilisé
SES CONGÉNÈRES parfois agressif

Propriétaire idéal

Une personne expérimentée, facile à vivre et forte physiquement qui dispose d'assez de temps et d'énergie pour apporter à ce puissant animal les soins, l'exercice, le jeu et l'éducation dont il a besoin.

Bouvier des Flandres

volontaire • aimable • calme • sensible • protecteur

TAILLE 59-68 cm • POIDS 27-40 kg • POIL Abondant, épais et dur • COULEUR Fauve, noir, bringé • ESPÉRANCE DE VIE 11-12 ans • Classé dans la catégorie « gardiens de bétail » aux États-Unis

Le caractère bien trempé du Bouvier des Flandres reflète la force et la robustesse dont il fait preuve pour mener le bétail et tirer les charrettes. Parfois méfiant envers les étrangers, il se montre très protecteur de son territoire et agressif envers ses congénères s'il n'a pas été correctement sociabilisé par un propriétaire autoritaire.

RACE CRÉÉE POUR mener les troupeaux et tirer les charrettes.

Caractéristiques particulières
Actif, protecteur. Aime courir.

Activité physique
Modérée.

Attitude envers
SES MAÎTRES affectueux, fidèle
LES ENFANTS gentil s'il a grandi à leurs côtés
LES ANIMAUX DE COMPAGNIE gentil s'ils ont grandi ensemble
LES ÉTRANGERS méfiant, comportement de chien de garde
SES CONGÉNÈRES parfois agressif

Propriétaire idéal
Une personne expérimentée, autoritaire, physiquement forte et en mesure d'apporter à cet animal l'exercice, le jeu et l'éducation dont il a besoin.

Problèmes potentiels
Agressif envers les étrangers et les autres chiens s'il n'a pas été correctement sociabilisé.

⚠ La robe nécessite un toilettage régulier.

Boxer

joueur • très énergique • curieux • dévoué • extraverti • agile • fort

TAILLE 53-63 cm • POIDS 25-32 kg • POIL Court, lisse et lustré • COULEUR Fauve ou bringé avec des marques blanches • ESPÉRANCE DE VIE 10-12 ans

Extraverti, énergique et agile, le Boxer est un compagnon facile à vivre, joueur et aimable envers tous. Il faut toutefois l'habituer très tôt à la compagnie des autres chiens pour s'assurer de sa sociabilité.

RACE CRÉÉE POUR mordre le gros gibier au museau en attendant l'arrivée des chasseurs.

Caractéristiques particulières
Tenace, agile, joueur.

Activité physique
Importante. Très actif.

Attitude envers
SES MAÎTRES affectueux, dévoué
LES ENFANTS joueur, très énergique
LES ANIMAUX DE COMPAGNIE gentil s'ils ont grandi ensemble
LES ÉTRANGERS aimable s'il a bien été sociabilisé
SES CONGÉNÈRES parfois agressif à moins qu'il n'ait été sociabilisé

Propriétaire idéal
Une famille affectueuse, active et expérimentée qui recherche un chien extraverti et réceptif et qui dispose d'assez de temps pour le promener, le dresser et jouer avec lui.

Problèmes potentiels
Agressif envers les chiens inconnus s'il n'a pas été correctement sociabilisé.

⚠ Le museau effacé entraîne des troubles respiratoires et un ronflement chronique. Les babines tombantes occasionnent une salivation excessive.

Bullmastiff

puissant • fiable • vif • fidèle • têtu

TAILLE 61-69 cm • POIDS 41-59 kg • POIL Court et dur • COULEUR Toutes les nuances de fauve, bringé et roux avec un masque noir • ESPÉRANCE DE VIE 10 ans

Avant d'acquérir un chien aussi puissant, il faut s'assurer d'avoir assez de force physique et le temps de le dresser afin de pouvoir le contrôler. Étant donné sa grande taille, le Bullmastiff n'a pas besoin d'énormément d'exercice, mais il doit être correctement sociabilisé pour se montrer tolérant à l'égard de ses congénères.

RACE CRÉÉE POUR être utilisée comme chien de garde.

Caractéristiques particulières
Protecteur, fort, indépendant.

Activité physique
Modérée à Faible. Apprécie l'exercice, mais n'est pas demandeur.

⚠ Le museau effacé entraîne des troubles respiratoires et un ronflement chronique. Les babines tombantes occasionnent une salivation excessive.

Attitude envers
SES MAÎTRES affectueux, fidèle
LES ENFANTS protecteur, susceptible de renverser les plus jeunes
LES ANIMAUX DE COMPAGNIE gentil s'ils ont grandi ensemble
LES ÉTRANGERS réservé à moins qu'il n'ait été sociabilisé
SES CONGÉNÈRES parfois agressif à moins qu'il n'ait été sociabilisé

Propriétaire idéal
Une personne expérimentée, autoritaire et forte physiquement qui saura dresser et éduquer comme il le faut ce puissant animal.

Problèmes potentiels
Agressif envers les étrangers et les autres chiens s'il n'a pas été correctement sociabilisé.

Esquimau du Canada

vif • actif • tenace • fort • indépendant • distant

TAILLE 50-70 cm • POIDS 18-40 kg • POIL Raide et dur avec un sous-poil épais et dense • COULEUR Toutes • ESPÉRANCE DE VIE 12-13 ans

Chasseur indépendant et énergique, l'Esquimau du Canada se montre réservé et distant avec les étrangers. Son instinct de meute étant très développé, il lui arrive de s'en prendre aux chiens qui s'approchent de sa gamelle ou pénètrent sur son territoire. C'est un charognard qui n'hésitera pas à poursuivre, attaquer et tuer les petits animaux.

⚠ La robe nécessite un brossage quotidien pour éviter les nœuds. Ce chien tolère très mal la chaleur.

RACE CRÉÉE POUR tirer les traîneaux dans l'Arctique canadien.

Caractéristiques particulières

Actif, très endurant.

Activité physique

Importante. Aime travailler (tirer des traîneaux ou chasser).

Attitude envers

SES MAÎTRES affectueux, indépendant

LES ENFANTS préfère être entouré d'adultes

LES ANIMAUX DE COMPAGNIE susceptible de poursuivre et de tuer les petits animaux

LES ÉTRANGERS réservé, distant

SES CONGÉNÈRES parfois agressif

Propriétaire idéal

Une personne expérimentée, active et autoritaire qui recherche un animal pour l'aider dans son travail, que ce soit pour tirer des traîneaux ou chasser.

Problèmes potentiels

Parfois agressif envers ses congénères, ceux qu'il ne connaît pas comme ceux qui vivent avec lui. Susceptible d'attaquer lorsque l'on s'approche de sa gamelle ou de son territoire.

Doberman

hardi • réceptif • vif • volontaire • fidèle • obéissant

TAILLE 65-69 cm • POIDS 30-40 kg • POIL Court, lisse et lustré • COULEUR Noir de jais, brun, bleu ou fauve avec des marques acajou • ESPÉRANCE DE VIE 12 ans

Ce chien solide de corps comme d'esprit se dresse facilement et fait un très bon gardien affectueux et fidèle à son maître. Le Doberman est particulièrement énergique et nécessite très tôt une éducation riche en rencontres afin de se montrer sociable.

RACE CRÉÉE POUR être utilisée comme chien de garde.

Propriétaire idéal
Une personne expérimentée, active et autoritaire qui saura sociabiliser ce puissant animal et lui apporter l'exercice et le jeu dont son esprit vif a besoin.

Problèmes potentiels
Certaines lignées sont particulièrement agressives envers les étrangers et leurs congénères. Fait parfois preuve d'hostilité envers son maître si les places de dominé et de dominant ne sont pas bien définies au sein du foyer.

Caractéristiques particulières
Volontaire, protecteur.

Activité physique
Importante. A besoin de beaucoup d'exercice.

Attitude envers
SES MAÎTRES affectueux, fidèle
LES ENFANTS protecteur
LES ANIMAUX DE COMPAGNIE gentil s'ils ont grandi ensemble
LES ÉTRANGERS réservé, comportement de chien de garde
SES CONGÉNÈRES parfois agressif, à moins qu'il n'ait été sociabilisé

Schnauzer géant

hardi • vif • fiable • calme • curieux • enthousiaste • obstiné

TAILLE 60-70 cm • POIDS 32-35 kg • POIL Rêche et dur avec un épais sous-poil • COULEUR Noir de jais, poivre et sel • ESPÉRANCE DE VIE 11-12 ans

Extraverti et volontaire, le Schnauzer géant s'avère curieux et obstiné, mais aussi réceptif, joueur et protecteur avec son maître. Particulièrement aboyeur, il fait un excellent chien de garde.

RACE CRÉÉE POUR mener et garder le bétail.

Caractéristiques particulières
Vif, joueur, protecteur.

Activité physique
Modérée.

Attitude envers
SES MAÎTRES affectueux, fidèle
LES ENFANTS protecteur
LES ANIMAUX DE COMPAGNIE gentil s'ils ont grandi ensemble
LES ÉTRANGERS comportement de chien de garde
SES CONGÉNÈRES parfois agressif

Propriétaire idéal
Une personne active, autoritaire, affectueuse et expérimentée qui pourra donner du travail à cet animal dynamique.

Problèmes potentiels
Aboie énormément quand on pénètre sur son territoire. Fait parfois preuve d'hostilité envers son maître si les places de dominé et de dominant ne sont pas bien définies au sein du foyer.

⚠ La robe nécessite un brossage quotidien pour éviter les nœuds et un toilettage régulier.

Dogue allemand

vif • puissant • très énergique • extraverti • indépendant

TAILLE 71-76 cm • POIDS 46-54 kg • POIL Court, dense et lustré • COULEUR Bringé, fauve, bleu, noir, arlequin (blanc avec des taches noires) • ESPÉRANCE DE VIE 8-10 ans

Le Dogue allemand est un chien qui de par sa grande taille et son dynamisme se révèle souvent maladroit. Cet aimable géant doit donc être dressé et sociabilisé très tôt, car une éducation approximative peut avoir de graves conséquences avec un animal de cette taille.

RACE CRÉÉE POUR chasser le gros gibier.

Caractéristiques particulières
Curieux, extraverti, joueur.

Activité physique
Importante à modérée. Apprécie l'exercice, calme à la maison.

Attitude envers
SES MAÎTRES affectueux, indépendant
LES ENFANTS gentil s'il a grandi à leurs côtés, susceptible de renverser les plus jeunes
LES ANIMAUX DE COMPAGNIE gentil s'ils ont grandi ensemble, susceptible de les poursuivre
LES ÉTRANGERS aimable s'il a bien été sociabilisé
SES CONGÉNÈRES aimable s'il a bien été sociabilisé

Propriétaire idéal
Une personne expérimentée, autoritaire et physiquement forte qui prendra le temps d'habituer son compagnon au contact des humains et des animaux, et qui dispose d'une maison et d'une voiture assez grande pour accueillir ce géant.

Problèmes potentiels
Certaines lignées se montrent agressives envers les étrangers et leurs congénères.

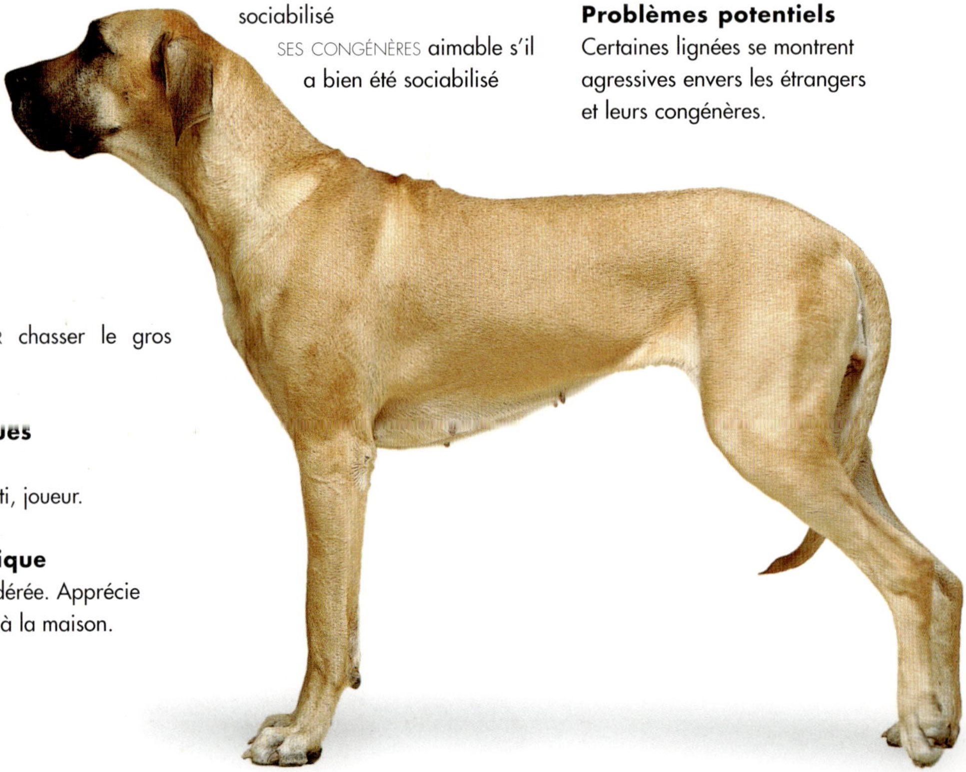

Chien du Groenland

vif • actif • tenace • fort • indépendant • distant

TAILLE 51-68 cm • POIDS 27-47,5 kg • POIL Rude avec un sous-poil plus court et imperméable • COULEUR Toutes • ESPÉRANCE DE VIE 13 ans

Très énergique, le Chien du Groenland est un travailleur zélé à l'instinct de chasseur très développé qui ne fait pas bon ménage avec les petits animaux. Réservé et distant avec les étrangers, il lui arrive très souvent de se montrer agressif envers ses congénères, à moins que son maître ne sache le contrôler.

RACE CRÉÉE POUR tirer les traîneaux dans l'Arctique.

Caractéristiques particulières
Très endurant, bon chasseur.

Activité physique
Importante. Aime travailler (tirer des traîneaux ou chasser).

Attitude envers
SES MAÎTRES affectueux, indépendant
LES ENFANTS préfère être entouré d'adultes
LES ANIMAUX DE COMPAGNIE susceptible de poursuivre et de tuer les petits animaux
LES ÉTRANGERS réservé, distant
SES CONGÉNÈRES parfois agressif

Propriétaire idéal
Une personne expérimentée, active et autoritaire qui recherche un animal pour l'aider dans son travail, que ce soit pour tirer des traîneaux ou chasser.

Problèmes potentiels
Parfois agressif envers les autres chiens, ceux qu'il ne connaît pas comme ceux qui vivent avec lui. Susceptible d'attaquer lorsque l'on s'approche de sa gamelle ou de son territoire.

Hovawart

vigilant • agile • sûr de lui • joueur • vif • docile

TAILLE 58-70 cm • POIDS 25-40 kg • POIL De longueur moyenne avec un sous-poil fin et léger • COULEUR Noir/doré, doré, noir • ESPÉRANCE DE VIE 12-13 ans

Semblable en apparence aux Retriever à poil plat et Golden Retriever, le Hovawart est très différent d'eux en terme de caractère. Vif et protecteur de nature, il fait un bon chien de garde assez réservé avec les étrangers. Avec son maître, il se montre joueur, réceptif et dévoué.

RACE CRÉÉE POUR garder les maisons et le bétail.

Attitude envers

SES MAÎTRES affectueux, dévoué
LES ENFANTS gentil s'il a grandi à leurs côtés
LES ANIMAUX DE COMPAGNIE gentil s'ils ont grandi ensemble
LES ÉTRANGERS réservé, comportement de chien de garde
SES CONGÉNÈRES aimable s'il a bien été sociabilisé

Propriétaire idéal

Une personne active et expérimentée qui prendra le temps d'habituer ce chien au contact des humains et des animaux et de lui apporter l'exercice et le jeu dont il a besoin.

Problèmes potentiels

Certaines lignées se montrent agressives envers les étrangers et leurs congénères.

Caractéristiques particulières

Vif, protecteur.

Activité physique

Modérée. N'a pas besoin de beaucoup d'exercice.

Léonberg

aimable • affectueux • sûr de lui • joueur

TAILLE 65-80 cm • POIDS 34-50 kg • POIL De longueur moyenne qui forme une crinière au niveau du cou et de la poitrine • COULEUR Jaune doré, rouge, brun-rouge, sable (fauve ou crème), toujours avec un masque noir • ESPÉRANCE DE VIE 9-11 ans

Ce descendant du Terre-Neuve, joueur, facile à vivre et énergique aime tout particulièrement nager.

RACE CRÉÉE POUR ressembler au lion qui ornait le blason de l'hôtel de ville de Léonberg en Allemagne.

Caractéristiques particulières
Affectueux, joueur. Aime nager.

Activité physique
Modérée. Importante quand il est jeune.

Attitude envers
SES MAÎTRES affectueux, fidèle
LES ENFANTS gentil s'il a grandi à leurs côtés, susceptible de renverser les plus jeunes
LES ANIMAUX DE COMPAGNIE gentil s'ils ont grandi ensemble
LES ÉTRANGERS aimable s'il a bien été sociabilisé
SES CONGÉNÈRES aimable s'il a bien été sociabilisé

Propriétaire idéal
Une personne expérimentée, active, affectueuse et forte physiquement, qui prendra le temps d'habituer très tôt son compagnon au contact des hommes et des animaux, ainsi que de lui apporter l'éducation, le jeu et l'exercice dont il a besoin.

Problèmes potentiels
Certaines lignées se montrent agressives envers les étrangers et leurs congénères.

Mastiff

puissant • courageux • calme • affectueux • protecteur

TAILLE 70-76 cm • POIDS 79-86 kg • POIL Court • COULEUR Abricot tirant sur le fauve, gris fauve, fauve, fauve bringé avec un masque noir (museau, oreilles, nez, tour des orbites et base frontale) • ESPÉRANCE DE VIE 9-10 ans

La taille impressionnante de ce chien puissant et courageux suffit en général à dissuader les intrus, aussi déterminés soient-ils. Le Mastiff protège jalousement ses maîtres et son territoire et nécessite par conséquent une éducation visant à le rendre sociable et tolérant envers les humains et les chiens.

RACE CRÉÉE POUR être utilisée comme chien de garde.

Caractéristiques particulières

Vif, protecteur.

Activité physique

Modérée à faible. Apprécie l'exercice mais n'est pas demandeur.

⚠ Le museau court entraîne des troubles respiratoires et un ronflement chronique. Les babines tombantes occasionnent une salivation excessive.

Attitude envers

SES MAÎTRES affectueux, fidèle
LES ENFANTS protecteur, susceptible de renverser les plus jeunes
LES ANIMAUX DE COMPAGNIE gentil s'ils ont grandi ensemble
LES ÉTRANGERS réservé à moins qu'il n'ait été sociabilisé
SES CONGÉNÈRES parfois agressif

Propriétaire idéal

Une personne expérimentée, autoritaire et forte physiquement qui dispose d'une grande maison pour accueillir ce puissant géant qu'il faudra dresser et éduquer.

Problèmes potentiels

Agressif envers les étrangers et les autres chiens s'il n'a pas été correctement sociabilisé. Fait parfois preuve d'hostilité envers son maître si les places de dominé et de dominant ne sont pas bien définies au sein du foyer.

Mâtin napolitain

puissant • dévoué • fidèle • protecteur • courageux

TAILLE 65-75 cm • POIDS 50-70 kg • POIL Court, dense et bien lustré • COULEUR Noir (couleur la plus recherchée), bleu, toutes les nuances de gris, brun allant de fauve à rouge • ESPÉRANCE DE VIE 9-11 ans • AUTRE NOM Mâtin de Naples

Lent et pondéré, le Mâtin napolitain est affectueux, calme et dévoué à son maître qu'il protège jalousement, tout comme son territoire. Il doit par conséquent être habitué très tôt à la compagnie des humains et des chiens pour se montrer sociable.

RACE CRÉÉE POUR garder le bétail, puis pour participer à des combats de chiens.

Caractéristiques particulières
Vif, protecteur.

Activité physique
Modérée à faible.

⚠ Le museau court entraîne des troubles respiratoires et un ronflement chronique. Les babines tombantes occasionnent une salivation excessive.

Attitude envers
SES MAÎTRES affectueux, fidèle
LES ENFANTS protecteur, susceptible de renverser les plus jeunes
LES ANIMAUX DE COMPAGNIE gentil s'ils ont grandi ensemble
LES ÉTRANGERS réservé à moins qu'il n'ait été sociabilisé
SES CONGÉNÈRES parfois agressif à moins qu'il n'ait été sociabilisé

Propriétaire idéal
Une personne expérimentée, autoritaire et forte physiquement qui dispose d'une grande maison et d'une grande voiture pour accueillir ce géant qu'il faudra dresser et éduquer.

Problèmes potentiels
Certaines lignées se montrent agressives envers les étrangers et les autres chiens. Fait parfois preuve d'hostilité envers son maître si les places de dominé et de dominant ne sont pas bien définies au sein du foyer.

Terre-Neuve

dévoué • doux • docile • calme

TAILLE 66-71 cm • POIDS 50-69 kg • POIL De longueur moyenne avec un épais sous-poil • COULEUR Noir, brun, Landseer (blanc avec des taches noires) • ESPÉRANCE DE VIE 9-11 ans

Très bon nageur, le Terre-Neuve tentera de sauver quiconque se trouvant dans l'eau, qu'il soit en danger ou non. Il souffre beaucoup de la chaleur en été et en hiver dans les maisons chauffées à cause de son épais pelage. En raison de sa grande taille, ce chien doux et calme nécessite très tôt un dressage et une éducation riche en rencontres.

RACE CRÉÉE POUR aider les pêcheurs à tirer leurs filets et leurs charrettes.

Caractéristiques particulières
Joueur. Aime nager.

Activité physique
Modérée. Adore les exercices aquatiques.

Attitude envers
SES MAÎTRES affectueux, dévoué
LES ENFANTS gentil s'il a grandi à leurs côtés, susceptible de renverser les plus jeunes
LES ANIMAUX DE COMPAGNIE gentil s'ils ont grandi ensemble
LES ÉTRANGERS aimable s'il a bien été sociabilisé
SES CONGÉNÈRES aimable s'il a bien été sociabilisé

Propriétaire idéal
Une personne expérimentée, affectueuse et physiquement forte, qui dispose de beaucoup de terrain et d'une grande voiture pour accueillir ce géant, à qui il faudra apporter l'exercice et les jeux, si possible aquatiques, dont il a besoin.

Problèmes potentiels
Certaines lignées se montrent agressives envers les étrangers et leurs congénères.

⚠ Supporte très mal la chaleur. La robe nécessite un brossage régulier. Les babines tombantes occasionnent une salivation excessive.

Pinscher

enjoué • vif • courageux • tenace • docile

TAILLE 43-48 cm • POIDS 11-16 kg • POIL Court, dense et lustré • COULEUR Toutes les couleurs unies de fauve à rouge. Noir et bleu avec des marques rousses/feu • ESPÉRANCE DE VIE 12-14 ans

Énergique, curieux et tenace, le Pinscher se montre également réceptif et docile et n'abandonne jamais lors d'un affrontement. Il doit donc être habitué très tôt à la compagnie de ses congénères pour éviter tout souci.

RACE CRÉÉE POUR chasser et tuer rats et souris.

Caractéristiques particulières
Fougueux, joueur, curieux.

Activité physique
Importante. A besoin de dépenser son surplus d'énergie.

Attitude envers
SES MAÎTRES affectueux, fidèle
LES ENFANTS gentil s'il a grandi à leurs côtés
LES ANIMAUX DE COMPAGNIE susceptible de tuer les petits animaux
LES ÉTRANGERS aimable s'il a bien été sociabilisé
SES CONGÉNÈRES agressif à moins qu'il n'ait été sociabilisé

Propriétaire idéal
Une personne expérimentée, active et autoritaire qui dispose d'assez de temps pour sociabiliser, dresser et jouer avec cet animal.

Problèmes potentiels
Fait parfois preuve d'hostilité envers son maître si les places de dominé et de dominant ne sont pas bien définies au sein du foyer.

Chien d'eau portugais

énergique • entêté • courageux • fidèle • réceptif

TAILLE 43-57 cm • POIDS 16-25 kg • POIL Long et abondant • COULEUR Noir, blanc, marron • ESPÉRANCE DE VIE 12-14 ans

À l'origine, on tondait les pattes et une partie de la queue du Chien d'eau portugais pour réduire la résistance de l'eau contre son corps lorsqu'il nageait. Affectueux et joueur, cet animal a toujours besoin de beaucoup d'exercice.

RACE CRÉÉE POUR aider les pêcheurs.

Caractéristiques particulières
Aime l'eau.

Activité physique
Importante. Très énergique, adore en particulier l'exercice aquatique.

Attitude envers
SES MAÎTRES affectueux, dévoué
LES ENFANTS gentil, parfois trop énergique pour les plus jeunes
LES ANIMAUX DE COMPAGNIE gentil s'ils ont grandi ensemble
LES ÉTRANGERS aimable s'il a bien été sociabilisé
SES CONGÉNÈRES aimable s'il a bien été sociabilisé

Propriétaire idéal
Une personne dynamique et active qui trouvera de quoi occuper ce chien extraverti qui aime jouer et se promener et dont la robe doit être brossée régulièrement.

Problèmes potentiels
Susceptible de développer un comportement destructeur s'il ne se dépense pas assez.

⚠ L'abondante robe nécessite un brossage régulier pour éviter les nœuds, ainsi qu'un toilettage fréquent. Les propriétaires de chiens de concours leur rasent l'arrière-train pour les expositions, mais ce n'est pas obligatoire pour les chiens de compagnie.

Rottweiler

hardi • courageux • sûr de lui • calme • docile • protecteur

TAILLE 58-69 cm • POIDS 41-50 kg • POIL Court, épais et lustré • COULEUR Noir avec des marques très précises • ESPÉRANCE DE VIE 11-12 ans

Le Rottweiler est un animal fort, actif et assez peu démonstratif. Protecteur de nature, il fait un bon chien de garde puissant et déterminé. Avec son maître, il se montre joueur, réceptif et affectueux, mais il faut tout de même s'inquiéter de son dressage et de sa sociabilité alors qu'il n'est encore qu'un chiot.

RACE CRÉÉE POUR garder et mener le bétail.

Caractéristiques particulières
Protecteur, courageux, peu démonstratif.

Propriétaire idéal
Une personne expérimentée et affectueuse qui dispose d'assez de temps pour dresser, promener et jouer avec ce grand et puissant animal.

Problèmes potentiels
Certaines lignées se montrent agressives envers les étrangers. Fait parfois preuve d'hostilité envers son maître si les places de dominé et de dominant ne sont pas bien définies au sein du foyer.

Activité physique
Importante.

Attitude envers
SES MAÎTRES affectueux, fidèle
LES ENFANTS gentil s'il a grandi à leurs côtés
LES ANIMAUX DE COMPAGNIE gentil s'ils ont grandi ensemble
LES ÉTRANGERS distant, comportement de chien de garde
SES CONGÉNÈRES aimable s'il a bien été sociabilisé

Terrier noir russe

indépendant • courageux • calme • têtu

TAILLE 63-75 cm • POIDS 40-65 kg • POIL Variétés à poil long et à poil court • COULEUR Noir • ESPÉRANCE DE VIE 10-11 ans • Classé dans la catégorie « divers » aux États-Unis

Si vous avez suffisamment d'expérience avec les chiens, pourquoi ne pas opter pour un animal volontaire et tenace comme le Terrier noir russe ? C'est un travailleur et un chasseur zélé qui doit être habitué très jeune à la compagnie des humains et de ses congénères pour se montrer sociable et tolérant.

RACE CRÉÉE POUR être utilisée comme chien de garde et de patrouille par la police, l'armée, et dans les prisons.

Caractéristiques particulières
Vif, actif.

Activité physique
Importante. A besoin de travailler, calme à la maison.

Attitude envers
SES MAÎTRES fidèle, affectueux
LES ENFANTS protecteur
LES ANIMAUX DE COMPAGNIE susceptible de tuer les petits animaux et de blesser les chats qu'il ne connaît pas
LES ÉTRANGERS réservé, méfiant
SES CONGÉNÈRES parfois agressif

Propriétaire idéal
Une personne expérimentée, autoritaire et active qui saura contrôler et s'occuper de ce puissant animal qui aime le travail et l'activité en général, qu'il s'agisse de jeu, de promenades ou de dressage.

Problèmes potentiels
Certaines lignées se montrent agressives envers les étrangers. Fait parfois preuve d'hostilité envers son maître si les places de dominé et de dominant ne sont pas bien définies au sein du foyer.

⚠ La robe de ce chien doit être taillée et toilettée régulièrement.

Husky sibérien

actif • enthousiaste • affectueux • doux • vif • extraverti • indépendant

TAILLE 51-60 cm • POIDS 16-27 kg • POIL Épais, de longueur moyenne avec un sous-poil dense et doux • COULEUR Toutes • ESPÉRANCE DE VIE 11-13 ans

En plus d'être affectueux et extraverti, le Husky sibérien est un coureur né. En raison de son tempérament indépendant et de son fort instinct de chasseur, il est plus prudent de le laisser courir en liberté uniquement dans des espaces verts dépourvus de danger.

RACE CRÉÉE POUR tirer les traîneaux.

Caractéristiques particulières
Aime chasser et courir.

Activité physique
Importante. Très énergique, adore l'exercice.

Attitude envers
SES MAÎTRES affectueux, indépendant
LES ENFANTS gentil s'il a grandi à leurs côtés
LES ANIMAUX DE COMPAGNIE susceptible de poursuivre et d'être agressif envers les petits animaux
LES ÉTRANGERS aimable s'il a bien été sociabilisé
SES CONGÉNÈRES aimable s'il a bien été sociabilisé

Propriétaire idéal
Une personne active, énergique et capable de parcourir plusieurs kilomètres à bicyclette ou à pied chaque jour en compagnie de son chien.

Problèmes potentiels
Parfois difficile à contrôler en promenade : susceptible de s'enfuir sans revenir. S'il ne se dépense pas assez, le Husky fugue ou développe un comportement destructeur.

⚠ L'épaisse robe sème énormément de poils dans la maison et doit être brossée quotidiennement.

Saint-Bernard

fiable • gentil • courageux • digne de confiance • bienveillant

TAILLE 61-71 cm • POIDS 50-91 kg • POIL Court, dense et épais • COULEUR Orange à rouge avec des marques blanches • ESPÉRANCE DE VIE 8-10 ans

Ce chien très grand et lourd s'avère particulièrement fiable et digne de confiance. Affectueux et fidèle à son maître, il est nécessaire de le dresser et de le sociabiliser très tôt.

RACE CRÉÉE POUR tirer les charrettes.

Caractéristiques particulières

Fort, protecteur.

Activité physique

Modérée. Assez peu demandeur.

Attitude envers

SES MAÎTRES affectueux, fidèle

LES ENFANTS gentil s'il a grandi à leurs côtés

LES ANIMAUX DE COMPAGNIE gentil s'ils ont grandi ensemble

LES ÉTRANGERS agressif s'ils pénètrent sur son territoire à moins qu'il n'ait été sociabilisé

SES CONGÉNÈRES aimable s'il a bien été sociabilisé

Les babines tombantes entraînent souvent une salivation excessive.

Propriétaire idéal

Une personne expérimentée et autoritaire qui dispose d'assez de temps pour améliorer la sociabilité de ce puissant animal.

Problèmes potentiels

Certaines lignées se montrent agressives envers les étrangers. Fait parfois preuve d'hostilité envers son maître si les places de dominé et de dominant ne sont pas bien définies au sein du foyer.

Dogue du Tibet

puissant • affable • distant • courageux • protecteur • indépendant

TAILLE 61-66 cm • POIDS 64-82 kg • POIL Long et épais avec un important sous-poil
• COULEUR Noir de jais, noir et feu, marron, différentes nuances de doré, de gris et de bleu ; gris, bleu et feu
• ESPÉRANCE DE VIE 10-11 ans

Cette race courageuse, indépendante, mais aussi calme et facile à vivre se montre assez réservée avec les étrangers. Le Dogue du Tibet est un chien de garde qui protège jalousement son territoire et son maître, à qui il est d'ailleurs très fidèle. Il est important de lui apporter très jeune un bon dressage et une éducation riche en rencontres afin que ce doux géant soit sociable et tolérant.

RACE CRÉÉE POUR garder le bétail.

Caractéristiques particulières

Fort, protecteur.

Activité physique

Modérée. Apprécie l'exercice.

Attitude envers

SES MAÎTRES affectueux, indépendant
LES ENFANTS protecteur
LES ANIMAUX DE COMPAGNIE gentil s'ils ont grandi ensemble
LES ÉTRANGERS réservé, comportement de chien de garde
SES CONGÉNÈRES parfois agressif

Propriétaire idéal

Une personne autoritaire et expérimentée qui dispose d'assez de temps pour améliorer la sociabilité de ce grand animal et d'assez de terrain pour qu'il puisse se dépenser à sa guise en toute sécurité.

Problèmes potentiels

Parfois agressif envers les étrangers et ses congénères s'il n'a pas été correctement sociabilisé.

⚠ Malgré un brossage quotidien obligatoire pour éviter les nœuds, l'épaisse robe sèmera énormément de poils dans la maison.

	Taille	Activité physique	Brossage	Espérance de vie	Foyer idéal	Gentil avec les enfants	Gentil avec les chiens	Pelage hypoallergénique
Affenpinscher	○	◭	◧	14	V			✓
Airedale-terrier	●	▲	◧	13	V	✓		
Akita	●	◭	◧	12	V			
Barzoï	●	▲	◧	13	C		✓	
Basenji	●	◭	□	12	V	✓	✓	
Basset Fauve de Bretagne	◑	◭	◧	14	V	✓	✓	
Basset Griffon vendéen (grand)	●	▲	□	12	C	✓	✓	
Basset Griffon vendéen (petit)	○	▲	□	12	V	✓	✓	
Basset Hound	◑	◭	□	12	V	✓	✓	
Beagle	◑	▲	□	13	V	✓	✓	
Bedlington terrier	◑	▲	■	15	V	✓	✓	✓
Berger allemand	●	▲	■	13	V	✓	✓	
Berger australien	●	▲	□	13	C	✓	✓	
Berger belge (Groenendael)	●	▲	◧	13	V	✓	✓	
Berger belge (Laekenois)	●	▲	◧	13	V	✓	✓	
Berger belge (Malinois)	●	▲	◧	13	V	✓	✓	
Berger belge (Tervueren)	●	▲	◧	13	V	✓	✓	
Bobtail	●	◭	■	13	V	✓	✓	
Berger d'Anatolie	●	△	□	11	C			
Berger de Beauce	●	▲	□	13	C	✓	✓	
Berger de Bergame	●	△	□	12	C			
Berger de Brie	●	◭	■	12	V	✓	✓	
Berger des Abruzzes	●	◭	■	12	C			
Berger des Pyrénées	●	▲	◧	13	V	✓	✓	
Berger des Shetland	◑	◭	◧	14	V			
Berger polonais	●	◭	◧	14	V	✓	✓	
Bichon à poil frisé	○	△	■	14	V	✓	✓	✓
Bichon bolonais	○	△	■	14	V	✓	✓	
Bichon havanais	○	◭	■	14	V	✓	✓	
Bichon maltais	○	◭	■	14	V			
Border Collie	●	▲	◧	14	C	✓	✓	
Border terrier	○	◭	□	14	V	✓	✓	
Bouledogue français	○	△	■	12	V	✓	✓	
Bouvier australien	●	▲	□	12	C			
Bouvier bernois	●	◭	■	9	V	✓	✓	
Bouvier des Flandres	●	◭	◧	12	V	✓	✓	
Boxer	●	▲	□	12	V	✓		
Braque de Weimar	●	▲	□	13	V	✓	✓	
Braque hongrois	●	▲	□	14	C	✓	✓	
Braque italien	●	▲	□	13	C	✓	✓	
Buhund norvégien	●	▲	◧	15	V	✓	✓	
Bulldog	○	△	◧	9	V	✓		
Bullmastiff	●	△	□	10	V			
Bull-terrier	●	◭	□	13	V	✓		
Bull-terrier (miniature)	◑	◭	□	13	V	✓		
Bull-terrier du Staffordshire	◑	▲	◧	12	V			
Cairn terrier	◑	◭	◧	15	V	✓		
Caniche (moyen)	◑	▲	■	13	V	✓	✓	✓
Caniche (nain)	◑	◭	■	15	V		✓	✓
Caniche (toy)	○	◭	■	15	V		✓	✓
Carlin	○	△	◧	14	V	✓	✓	
Cavalier King Charles	◑	◭	■	11	V	✓	✓	
Chien chinois à crête (chien à houppette)	◑	△	■	15	V			✓
Chien chinois à crête (chien nu)	◑	△	■	15	V			✓
Chien courant italien	●	▲	□	13	C	✓	✓	
Chien d'arrêt allemand à poil court	●	▲	□	16	C	✓	✓	
Chien d'arrêt allemand à poil dur	●	▲	◧	12	C	✓	✓	
Chien d'eau américain	●	▲	◧	14	C	✓		
Chien d'eau espagnol	●	▲	◧	14	C		✓	
Chien d'eau irlandais	●	▲	■	13	C	✓	✓	
Chien d'eau portugais	◑	▲	◧	14	V	✓	✓	✓
Chien d'élan norvégien	●	▲	■	13	V	✓		
Chien de Canaan	●	◭	□	13	V	✓	✓	
Chien de loutre	●	▲	◧	12	C	✓	✓	
Chien de Saint-Hubert	●	△	□	10	C	✓	✓	
Chien du Groenland	●	▲	□	13	C			
Chien du pharaon	●	▲	□	14	C	✓	✓	
Chien finnois de Laponie	●	◭	◧	12	V	✓	✓	
Chien norvégien de macareux	○	◭	□	12	V	✓	✓	
Chien suédois de Laponie	●	▲	■	13	V	✓	✓	
Chihuahua (à poil court)	○	△	□	18	V		✓	✓
Chihuahua (à poil long)	○	△	◧	18	V		✓	
Chow-Chow	●	△	◧	12	V			
Clumber spaniel	●	◭	◧	13	C	✓	✓	
Cocker américain	◑	▲	■	14	V	✓	✓	
Cocker anglais	◑	▲	■	14	V	✓	✓	
Colley (à poil court)	●	△	□	13	V			
Colley (à poil long)	●	△	■	13	V			
Colley barbu	●	▲	◧	13	V	✓	✓	
Coonhound noir et feu	●	▲	□	12	V	✓	✓	
Dalmatien	●	▲	◧	12	V	✓		
Dandie Dinmont terrier	○	△	◧	16	V	✓	✓	
Doberman	●	▲	□	12	V			
Dogue allemand	●	▲	□	10	V	✓	✓	
Dogue du Tibet	●	◭	■	11	V			
Épagneul breton	●	▲	◧	15	C	✓	✓	
Épagneul japonais	○	△	■	13	V		✓	
Épagneul tibétain	○	◭	■	14	V	✓	✓	
Esquimau d'Amérique	○	▲	■	13	C	✓	✓	
Esquimau du Canada	●	▲	■	13	C			
Field spaniel	●	▲	■	13	C	✓	✓	
Foxhound anglais	●	▲	□	11	C	✓	✓	
Fox-terrier (à poil dur)	◑	▲	□	14	V	✓		
Fox-terrier (à poil ras)	◑	▲	□	14	V	✓		
Golden Retriever	●	▲	◧	13	V	✓	✓	
Grand Bleu de Gascogne	●	▲	□	14	V	✓	✓	
Grand Bouvier suisse	●	◭	◧	11	C	✓		
Grand Münsterländer	●	▲	◧	13	V	✓	✓	
Greyhound	●	◭	□	12	C	✓	✓	
Griffon bruxellois	○	△	◧	14	V		✓	

Taille : ○ petite ◑ moyenne ● grande Activité physique : △ faible ◭ modérée ▲ importante

Race	Taille	Activité physique	Brossage	Espérance de vie	Foyer idéal	Gentil avec les enfants	Gentil avec les chiens	Pelage hypoallergénique
Griffon d'arrêt à poil dur	●	▲	■	15	V	✓	✓	
Hamiltonstövare	●	▲	□	13	C	✓	✓	
Harrier	●	▲	□	12	C		✓	
Hovawart	●	◭	◨	13	V	✓	✓	
Husky sibérien	●	▲	■	13	C	✓	✓	
Kerry Blue terrier	●	▲	◨	14	V			✓
King Charles	○	△	□	12	V		✓	
Komondor	●	◭	□	12	C			
Kooikerhondje	◑	▲	◨	13	V	✓	✓	
Kuvasz	●	◭	■	13	C			
Labrador (chocolat)	●	▲	□	13	V	✓	✓	
Labrador (noir et jaune)	●	▲	□	13	V	✓	✓	
Lakeland terrier	◑	▲	◨	14	V	✓	✓	
Lancashire Heeler	○	▲	□	13	V	✓	✓	
Léonberg	●	◭	◨	11	C	✓	✓	
Lévrier afghan	●	▲	■	14	C	✓	✓	
Lévrier d'Ibiza	●	▲	□	12	C	✓	✓	
Lévrier écossais	●	△	■	11	C	✓	✓	
Lévrier irlandais	●	◭	◨	10	C	✓	✓	
Lhassa Apso	○	◭	■	14	V	✓		
Loulou de Poméranie	○	◭	■	15	V		✓	
Lurcher	●	◭	◨	14	V	✓	✓	
Malamute de l'Alaska	●	▲	◨	12	C	✓		
Mastiff	●	△	□	10	C			
Mâtin napolitain	●	◭	◨	11	C			
Montagne des Pyrénées	●	△	■	11	V			
Montagne portugais	●	△	□	12	C			
Papillon	○	◭	■	14	V			✓
Pékinois	○	△	■	13	V			✓
Petit chien lion	◑	△	◨	14	V	✓		
Petit Lévrier italien	◑	◭	□	14	V	✓	✓	
Pinscher	●	▲	□	14	V	✓		
Pinscher nain	○	◭	◨	14	V		✓	
Plott Hound	●	▲	◨	13	V	✓	✓	
Pointer	●	▲	□	14	V	✓	✓	
Puli	●	▲	□	13	V			
Retriever à poil bouclé	●	▲	◨	13	C	✓	✓	
Retriever à poil plat	●	▲	□	13	V			
Retriever de la baie de Chesapeake	●	▲	□	13	C		✓	
Retriever de la Nouvelle-Écosse	●	▲	◨	13	V	✓	✓	
Rhodesian Ridgeback	●	▲	□	12	V	✓	✓	
Rottweiler	●	▲	□	12	V	✓	✓	
Saint-Bernard	●	△	□	10	V	✓	✓	
Saluki	●	▲	□	12	C		✓	
Samoyède	●	◭	■	12	V	✓	✓	
Schipperke	◑	▲	◨	13	V	✓		
Schnauzer (moyen)	●	◭	■	14	V	✓	✓	
Schnauzer (nain)	◑	◭	■	14	V	✓	✓	
Schnauzer géant	●	◭	◨	12	V			
Setter anglais	●	▲	◨	13	V	✓	✓	
Setter Gordon	●	▲	◨	14	C	✓	✓	
Setter irlandais	●	▲	■	13	C	✓	✓	
Setter irlandais rouge et blanc	●	▲	□	13	C	✓	✓	
Shar Pei	●	◭	◨	11	V	✓		
Shiba	◑	◭	◨	13	V	✓		
Shih Tzu	○	△	■	14	V	✓	✓	
Silky terrier	○	◭	■	14	V		✓	
Sloughi	●	▲	□	12	C		✓	
Spinone	◑	▲	◨	14	C	✓	✓	
Spitz allemand (Klein)	○	△	■	15	V			
Spitz allemand (Mittel)	◑	△	■	14	V			
Spitz des Visigoths	◑	▲	□	14	V	✓		
Spitz finlandais	●	▲	■	13	C	✓	✓	
Spitz japonais	◑	◭	■	12	V	✓	✓	
Spitz-loup	●	◭	■	14	V	✓	✓	
Springer anglais	●	▲	■	14	V	✓	✓	
Springer gallois	●	▲	□	14	V	✓	✓	
Staffordshire Terrier américain	●	▲	◨	12	V			
Sussex spaniel	◑	◭	◨	12	V	✓	✓	
Teckel (à poil dur)	○	△	□	16	V	✓	✓	
Teckel (à poil long)	○	△	■	16	V	✓	✓	
Teckel (à poil ras)	○	△	□	16	V	✓	✓	
Teckel nain (à poil dur)	○	△	◨	16	V	✓	✓	
Teckel nain (à poil long)	○	△	■	16	V	✓	✓	
Teckel nain (à poil ras)	○	△	□	16	V	✓	✓	
Terre-Neuve	●	◭	◨	11	C	✓	✓	
Terrier australien	○	▲	◨	14	V	✓		
Terrier de Boston	◑	◭	◨	13	V	✓	✓	
Terrier de Manchester	●	◭	◨	14	V	✓	✓	
Terrier de Sealyham	◑	◭	◨	14	V	✓		
Terrier de Skye	○	◭	■	13	V	✓		
Terrier du Norfolk	◑	◭	■	14	V	✓	✓	
Terrier du Norwich	○	◭	■	14	V	✓	✓	
Terrier du Yorkshire	○	▲	■	14	V		✓	
Terrier écossais	○	◭	◨	14	V	✓		
Terrier gallois	◑	◭	◨	14	V	✓		
Terrier Glen d'Imaal	◑	▲	□	14	V	✓		
Terrier irlandais	●	▲	◨	13	V	✓	✓	
Terrier irlandais à poil doux	◑	▲	■	14	V	✓		
Terrier Jack Russell	○	▲	◨	18	V	✓		
Terrier noir russe	●	▲	◨	11	V			
Terrier Parson Russell	◑	▲	◨	14	V	✓	✓	
Terrier tchèque	◑	◭	◨	14	V	✓	✓	
Terrier tibétain	●	◭	■	14	V	✓	✓	
Toy terrier	○	◭	□	13	V		✓	
Toy terrier américain	○	◭	□	14	V	✓	✓	
Welsh Corgi (Cardigan)	○	◭	□	14	V	✓	✓	
Welsh Corgi (Pembroke)	○	◭	□	14	V	✓	✓	
West Highland White Terrier	○	▲	◨	14	V	✓	✓	
Whippet	●	◭	□	14	V	✓	✓	

Brossage : □ hebdomadaire ou moins fréquent ◨ régulier ■ quotidien Foyer idéal : **C** campagne **V** ville et campagne

Crédits photographiques

L'auteur et l'éditeur tiennent à remercier les personnes suivantes qui leur ont aimablement permis de photographier leur chien pour les besoins de cet ouvrage.

Chiens de chasse

p. 52 Sentune Acquaro at Bonario 'Riley'/Mrs Kim Parris
p. 53 Patouche Ultime Reve Avec Bremalyn 'Reva'/Lynne Hawtree
p. 54 Lutra Easy Dollar 'Sophie'/Mr JR Novis
p. 55 Hollutrix Abbizia 'Oscar'/Mrs JE Ingram
p. 56 Kylecroft Countryman Tallis/Mrs Sheila Rees et Mrs GE Breen
p. 57 Show Champion Blitzan Rhine (Blitzan Kennel)/Ali Cabbledick
p. 58 Mokelassoc de Ubrique for Hollutrix (imp) 'Ramon'/Gaynor Berry
p. 59 Lex Terrea/Miss Kate Bull
p. 61 Anniezu Rocketman (Jago)/Miss Q Rixon
p. 62 GSP Pipperoo Sven Sandursson 'Diesel'/Mrs P et Miss H Taylor
p. 63 Kimmax Kennedy 'Kenny'/Mrs W Oxman
p. 64 Nunneywood Onancock Reed 'Reed'/Mr et Mrs Woods
p. 65 Gamesmere Royal Escort 'Hugo'/Mrs CE Payne
p. 66 Telsmoss Mattias JW 'Charlie'/Mr Chris Woolner
p. 67 Tenfield Border Rambler JW SGWC 'Tor'/Mrs Kim Ellis
p. 68 Lembas Moonlight Sonata 'Lunar'/JA White
p. 70 Newfanova Nordic Rhapsody at Ladakhnova 'Saskia'/Mrs J Parker
p. 71 Piper et Hetty/Alan et Jenny Day
p. 72 Ecameadow Dark Rider 'Hogan'/Anthony Burke
p. 73 Maesffynnon Sirius 'Jethro'/Roy Harris
p. 74 Rustasha Rare Vision via Kerrabi 'Daisy'/Mrs Magaret Pitman
p. 75 Cottonsocks Choc Waves 'Chocky'/Mrs L et Miss C Prior
p. 77 Sharemead O'Connor 'Conner'/Mrs Carol Share-Jones
p. 78 Anbrook Debutanta 'Freya' et Oxwell Once in a Lifetime 'Chase'/Mrs A Drew et Mrs S Brookshaw
p. 79 (de gauche à droite) Rhiwlas Woodcock at Soberhill/K et CD Smith, Sh Ch Dubldee Silk n'Lace/Mrs UG Mosedale, Mishules Geordi La Forge/Shula M Shipton
p. 80 Foulby Beachcomber at Kerry Kew 'Danny'/Mrs Patricia Neal
p. 81 Niriti Red Admiral 'Murphy'/Mrs K Kenyon
p. 82 Fallen Leaf New Kid in Town 'Henley'/Mr et Mrs Cunliffe
p. 83 Pennylock Ivor of Clynewood 'Dai'/Lesley Breeze

Chiens courants

p. 84 Kabella Heaven Knows 'Alice'/Mrs AR Allan
p. 85 Jiving Jasper 'Jasper'/Jane Addis
p. 86 Chilton Faites Jos Jeux 'Gamble'/Mick et Jackie Hawkins
p. 87 Delacroix Helen's Boy with Diamondice 'Merlin'/Mr et Mrs Cutler
p. 88 Cliffmere Skillful 'Emmy'/Mrs V et Misses MJ et RJ Longman
p. 89 Ch. Weatheroak Inspiration of Barleycliffe 'Milo' et Trailfinder Beloved Fabien of Barleycliffe 'Fabien'/Mr O'Keefe
p. 91 'Glow'/Mrs J Newsham
p. 92 Melminds Melly Mel/Melanie Chapman
p. 93 Barnaby Rudge 'Barnaby'/Miss B Spooner
p. 94 Ch. et Irish Ch. Emem Nipper in the Air/Mandy Dance
p. 95 Dixie Dreamer/Mrs J E Pierce
p. 96 Bardachs Santana/M. et Mrs Lewis
p. 97 Cempsey Coquet JW 'Jessica' et Siluae Zloty at Cempsey 'Lotty'/Mr et Mrs Gordon
p. 98 Ch Kilbourne Celtic at Hammonds/Mrs A Randall
p. 99 Steldawn Rainsong/Mrs C Walker
p. 100 Ch Toveri Arvokas/Mrs J Bateman et Mr et Mrs Burne
p. 101 Dazzleby Darter, Dazzleby Daydream et Dazzleby Daring/Mrs R Griffiths
p. 102 Kantilou Passion 'Claudia'/Mr et Mrs Parker
p. 103 Sulamin Stop the Calvelry 'Ben'/Sue Pearce
p. 104 Lazy Maize 'Maizy'/Sue Bolden
p. 105 Tedandi Destiny's Child/Mrs A Jowers
p. 107 Chahala Cheetah 'Cheetah'/Mrs A Wilde
p. 108 Ballyphecan Bridget at Boscaleanb 'Bridget'/Mr et Mrs Box
p. 112 Ankors Behutet/Antony Bongiovianni
p. 114 Nyuki Mask of Zorro/Sara-Lea Davies
p. 115 Tasia Elouise/Mrs E Metcalfe et Mr M J Green
p. 116 Chahala Otto 'Otto'/Jenny Startup
p. 117 Falconcrag Zaa Faran of Akhanubis/Maria Teresa Contessa de Cesare
p. 118 Welstar As You Like It at Monelli 'Mabel'/Miss E Burgess

Chiens de berger

p. 119 Tuzla 'Adi'/Remzi Mustafa
p. 121 Ozzypools Wild Rover 'George'/Mrs Glynis Dowson
p. 122 Damalier Dream Come True 'Skye'/Mrs S Hudson
p. 123 SR Sabrefield Raring To Go 'CDEX'/T P Davis
p. 124 Belkanti Love Token at Donnieland/Hilary Jones
p. 126 Kelluki Angelic Whisper 'Indi'/Mrs LJ Hatcher
p. 127 Chique Adulation 'Baggio'/Valerie Röttger
p. 128 Troumerle Denim at Jepanil/J Barker et P Young
p. 130 Morvania Funky Monkey 'Titan'/Miss TL Morrison
p. 131 Manordeifi Silver Dawn/Mrs DJ Moores
p. 132 Asterel Sir Lancelot/Trisha Dean
p. 133 Fin Ch. Lumiturpa Pigga at Elbereth/Toni Jackson
p. 136 Rockisland Lap of Luxury at Sinergi 'Purdey'/Mr et Mrs Colledge
p. 138 Colnestar Jailhouse Rock at Audaxus/Mrs Judith Spooner
p. 139 Ch. Oceano Atlantic Della Collina de Reviglìasco de Sunhaze/Mrs S. Hewart-Chamber

p. 140 Champion Rikarlo Skylark from Jumasue/Mr et Mrs Purves et JA Hearson
p. 141 Meisan Summer Sensation 'BB'/Sandra Wilson
p. 142 Szafir/Val Smith
p. 143 Ch. Oceano Atlantico della Collina de Revigliasco de Sunhaze et Ch. Abraccadarbra della Sunhaze
p. 145 Salemo Total Eclipse Over Aleski 'Yogi'/A South
p. 146 Myndoc Gypoosffla/Mary Ray
p. 148 Trykeria Chaka 'Sam'/Miss T Manning
p. 149 Keebleway Magee/Jan Keeble
p. 150 Craigycor Eileen of Gorthleck 'Anna'/Miss K MacNally

Terriers
p. 151 Shadilan Aimin' High for Daedal'Webster'/Mr et Mrs Eastall
p. 154 Sevray Daisy/Edd et Viv Rainsbury
p. 155 Kamajan Junior Chef/Jan Rubin
p. 156 Briden Carbon Copy 'Charlie'/Brian Smalley
p. 159 Pajanticks Zidane 'Flyte'/Adrian Marett
p. 160 Cloverwood Minnow/Mrs J Tinsley
p. 164 Marshcourt Good Time Gal at Kilcavan 'Megan'/Michelle Longman
p. 165 Bill/Kaine Thompson
p. 167 Oregill Buccaneer/Angela Hooper
p. 168 Saphyla Secret Agent 'Gizmo'/Mr et Mrs Garland
p. 170 Sygar Loganberry 'Bobby'/Mr et Mrs Lister
p. 171 Cassacre Mandolin 'Linus'/Mrs Cass Samways
p. 173 Ch. Plumhollow Dance with Dan 'Darcey'/Miss Julie Moyes
p. 174 Ch. Salena the Sorcerer 'Porter'/Sue Breeze
p. 175 Jesiwel Dream Angel/Mrs J Lewis et Miss L Roxby
p. 176 Burkeys Pride 'Dempsey'/Mr et Mrs Colin Patrick
p. 177 Tiltsea Saffron Sun of Boowire 'Saffey'/Mr et Mrs Booton
p. 178 Hollowview Commander at Maisieglow 'Hamish'/Mr et Mrs Bancroft

Chiens d'agrément
p. 179 Jucuinta Uptown Girl at Bishopmarson/Jane Harwood Champion Riogaloch Festival 'Grace'/Suzanne Pirrie
p. 180 Limartine Red Pepper at Cherusno/Mr et Mrs Fish
p. 182 Chillie/M et G Taylor
p. 183 Pamedna Macy Gray at Pinkadees 'Macy'/Sue Pinkham
p. 184 Kivox Kidaisy/Miss IV Cox
p. 185 Blandora Bare with Me/Mrs L. Young et JP Sewell
p. 186 Neeronan the Fire Fighter for Bhandora 'Ki'/Mrs JP Sewell
p. 187 Amalek Making Whoopie for Heartspride JW/Mrs A Nokes
p. 188 Donzeata Royal Elegance for Ballroyd/K et SP Holroyd
p. 189 Danish Champion Little Linus VT Leurse Hoefpad Heonsbridge 'Linus'/Linda Read
p. 190 Ch Florita Lisitano 'Harvey'/H Muster
p. 191 Gloval Zingaria/Mrs VA et CA Nicholson
p. 192 Jacob/Heather Salguero
p. 193 Lansilk Moon Spirit/Mrs R Godson
p. 194 Champion Star Express Intuition 'Lissie'/Greta Franklin
p. 195 Keljantzi's Eva Enchanting 'Evie'/Rita et Cyril Wilkinson
p. 196 Elmshorn Show Off Shamee/Ashleigh Butler
p. 197 Brentoy Morheus/Mrs SM Small
p. 198 Janomas Polar Star/Mrs JP Moore
p. 199 Hattella Augustus/Mrs Mary Martin
p. 201 CH. Koul Line to Barotoba 'Frankie'/Mr et Mrs Boot et Mr R Fitzgerald

Chiens d'utilité
p. 202 The Search for Spock at Kioatdaz/Mr D Thorley et Mr Oatfield
p. 204 Brigwood Odessa to Essvana 'Molly'/Miss VFD Williams
p. 205 (détail) Clyde/Miss Weller
p. 206 Nizzana Hada for Lorianna 'Simi' et Lorianna Sirius Star 'Blaze'/Lorna Hastings
p. 207 Catomo Maybe/Mrs A et Miss MV Keyte
p. 208 Mountsorrel Swinging Symphony 'Sorrell'/Slyvia St Aubyn Hubbard
p. 209 Acrima Voices of Sping 'Elsa'/PF Kendrick et B Jones
p. 210 Ch. Kimbacrests Drama Queen 'Evie'/Mr et Mrs Carr
p. 211 Bulabs Spirit in the Sky/G et J Purves
p. 212 Janeryl's Tricky Dicky 'Basil'/Janice Bannister
p. 213 Ch. Leyman Umi Moya 'Mark'/Mr et Mrs Ley
p. 214 Eastrees Royal Sapphire 'Sappy'/Mrs S Pattison
p. 215 Chatura Prima Donna for Jamikasoka/Mrs B Bushell
p. 216 Deansbury Incantation 'Pursey' et Deansbury Jezabel 'Daisy'/Mr et Mrs Calpin
p. 217 Benningh of Orlando 'Klaus'/Mrs Christine Burrell
p. 218 Brett/Mary Lowdell
p. 219 Hebe et Hebe Kaddy/ Mary Lowdell
p. 220 Montana Curtain Call 'Lizzy'/N Watkins
p. 222 Pullupaa Caught U Looking 'Razz'/Mr Paul Balmer
p. 223 Balise Mr Darcy 'Sonny'/Mr et Mrs Wilsher
p. 224 Yllastel Mistress Millie 'Minnie'/Mrs Sally Lafferty
p. 225 Schnitzel/Heidi Lawrence
p. 226 Hyteton Oopkoo Indian Dream at Sledog 'Indy'/Miss NJ Singh
p. 228 Glamrock Telegram Sam 'Denzel'/Sandy Rothery
p. 230 Benclutha Tartan Lad 'Shane'/Eddie et Jane Laing
p. 231 Verisemar Milford Dream 'Milford'/Mr et Mrs Frarly
p. 232 Catiyaljay Bronte/Mr et Mrs Ambler
p. 234 Janeryl's Against All Odds JW 'Louie'/Mrs B Lloyd
p. 235 Jafrak Wheel of Fortune 'Trudy'/Mr et Mrs Wise
p. 237 Alaskan Sunrise at Kelltara/Mrs S Phillips
p. 239 Ilandre Born to be Wild/Mr et Mrs Sopp
p. 240 Chevelu Gold Spice 'Seven'/Beaumont
p. 242 Kayna-Abbeydore Sea Brezza of Tahyee/Carole Pugsley
p. 243 Remikz Embrace the Dark Side 'Lauren'/Dan Lodge et Samantha Baker
p. 244 Grandways Firewater at gemson 'Luther'/Mrs CA Green
p. 246 Potters Pride Sleeping Bear 'Sasha'/Miss Pat Trench
p. 247 Kazachye's Street Spirit/Mr et Mrs McMillan
p. 248 Aridien Unchained Melody 'Wendy'/Mrs Carole Hooper
p. 249 Woolinoze Santa Cruz 'Milo'/Lynn Quilley

Index

Remerciements

Photographies additionnelles
Steve Gorton et Angus Murray

Animal Photography/Sally Anne Thompson 106, 229.
Ardea/John Daniels 137, 163.
Corbis UK Ltd 48.
John Daniels 14 à gauche, 39, 43, 109, 110, 125, 135, 144, 147, 157, 162.
DK Images 60, 111, 113, 203, 221, 227, 233.
Frank Lane Picture Agency/J & C Sohns 8.
Octopus Publishing Group Limited 9, 16/Rosie Hyde 17, 22 en haut, 27 en haut, 40, 44, 45/Ray Moller 22 en bas, 23, 69 en bas, 129, 134, 153, 158, 161, 166, 169, 172, 181, 205 en bas, 236, 245 /Ironbark Australian Cattle Dogs/Angela Cocker
www.ironbarkacd.co.uk 120.
The Kennel Club/David Dalton 152, 241
RSPCA Photolibrary/Angela Hampton 41 /Tim Sambrook 47.
Marsha Shively/e-mail: wish360@aol.com 200.
Vom Treuen Freund/Malin Jones www.malinjones.com
www.geocities.com/hovawartdogs/index.html 238.
Warren Photographic/Jane Burton 2-3, 25 en bas.
Wave Crest American Water Spaniels/Lara A Suesens
http://wavecrestaws.tripod.com 42, 76.
WyEast Kennels/Jim & Kathy Corbett
www.anypet.com/dog/wyeast.html 90 à gauche, 90 à droite.